得する会社員
損する会社員

手取りを活かすお金の超基本

川部紀子

ファイナンシャルプランナー・社会保険労務士

736

中公新書ラクレ

損得の分かれ道! チェックシート

□給与明細をもらったら、振込額しか見ない
□貯蓄といえば給与が振り込まれる口座に残ったお金だけ
□先月ATMでいくら引き出したか覚えていない
□日経平均株価の「平均」がなんの平均か分からない
□投資ってギャンブルみたいでなんだか怖い
□賃貸は家賃がもったいないから持ち家を買うべきだ
□年金なんか元が取れないし当てにできない
□同じ仕事で同じ手取りならフリーになりたい
□節約と貯蓄はすればするほど素晴らしい
□老後のお金は心配だけど何も対策していない

ひとつでもあてはまったあなた

⇩

この本は、あなたのための本です!

目次

講義2

手取りを「貯める」
「先取り貯蓄」で仕組みをつくる

講義3　手取りで「備える」

講義5　手取りのNG！
会社員の「やってはいけない」

なんちゃらペイより現金一択
↓キャッシュレスをサボるのは、お金を落とすこと
仮想通貨で「億り人」？
↓話がぶっ飛び過ぎ！「当てる」ケースは一握り
怠け者のＦＩＲＥ思考
↓達成できるのは、元々仕事が好きな人
ポイントは溜め込んで使う
↓庶民はすぐに使うべし
ポイント投資から始めます！
↓それではなかなか始まりません
リボ払い、キャッシング、カードローン……
↓「お得」はゼロ！　金融界の危険ドラッグ

講義6 手取りの未来

介護、年金、相続……やみくもに不安になる前に

死ぬときが一番お金持ちって幸せですか?

親の介護とお金

「老後のお金」をどう考える?

公的年金はいくらもらえるのか?

公的年金は破綻する?

「退職金に期待しない自分」を偉いと思っていませんか

老後資金を考えるなら退職金を無視しない

親の資産、把握していますか

日本のお金は高齢者の手元にある

こんな人は貯めなくてもいい!

親のサイレント資産をざっくり聞き出す方法

得する会社員　損する会社員

手取りを活かすお金の超基本

序章　親愛なる会社員の皆様へ

２０２０年からこちら、世界全体が新型コロナウイルス感染症の影響を受けました。そんな中、誰もが「命を守ること」と「経済を動かすこと」の結び付きと重要性を感じたと思います。この国で幸せに生きるために必要なものは健康な心と身体、そして、一緒に生きていくお金です。「命」と「お金」のどちらも健全でなければならないのです。

この現実を突き付けられ、人生や稼ぎ方を大きく変える必要に迫られた人も大勢います。一方、テレワークが増えて飲み会が減った程度の変化で、仕事や立場を失うこともなく、給料も大きく変わらず、のほほんと暮らしている会社員も山ほどいます。

私は２００６年から15年に渡り、企業で行われる会社員向けのお金に関するセミナーの講師として１０００回以上はお話ししてきましたが、この期に及んでも会社員の危機感は低いように感じます。もちろん個人差はありますが、セミナーを「給料の出る休憩タイム」と思っているかのような平和な空気も漂います。

お金の知識においても、税金と社会保険料が何%くらい引かれるか？　退職金制度は？という質問にポカンとしていたり、「ニヤッ」と笑ってかわいく小首を傾げるおじさまも少なくありません。

いいえ、これは悪口ではありませんよ。私はそんな「のほほん会社員」の皆様が大好きです。なぜなら、何かの商品の「使用前・使用後」のように、そういう人にほどセミナーの効果はテキメン！　この変化や進化ときたら、こちらのやり甲斐がハンパではないのです。みるみるうちに表情が輝いていき、セミナー終了後には「もっと早く知りたかった」「おもしろくて全然眠れなかったよ」「わかりやすくて驚きました」など、信じられないお言葉までかけていただけます。まるで別人です！

お金にまつわる制度や仕組みは、予想以上に合理的にできており、嬉しいお得があったり、脳を刺激してくれてワクワクしたり、誰かに教えてあげたくなることだらけです。理解できれば行動も考えもガラッと変わります。お金の充実は、心の充実にも繋がるので私生活や仕事にも波及します。

効果を感じてくださった企業も多く、今では全国各地からお声がけをいただいています。

定期的に訪問している会社の方々にお伝えしたことは、実践率が１００％に迫る勢いです。皆様、会社員ならではの制度を認識し、メキメキと手取りの最大化を図っています。

私の喜びなんて小さな話ですが、日本中の会社員の数を考えると、そのポテンシャルは日本の企業や経済を支える上で、非常に大きな力になり得ると思います。会社員の幸せは日本の幸せを映す鏡といってもいいほどです。家計が充実すれば、私たち一人一人も今より安心して幸せに暮らしていくことができるに違いありません。

そして、フリーランス化を含め起業ブームもありますが、仕事ができて、コミュニケーション力も高く、思いやりもある素晴らしい人は「会社」の中にたくさんいるのです。そんな素敵な方々には、なんとしてでも幸せに生きていってほしい。本書は、そんな想いの詰まった「会社員応援ブック」です。実際にお目にかかることができない会社員の皆さんの家計が健全になっていく姿を想像し、もっと伸び伸びと笑顔でお金を使うことができるようになることを願って書き進めていきます。時々厳しい指摘もさせてもらいますが、皆様を思うがゆえですので、どうかご容赦を。

ではまず、「のほほん会社員」はどうして量産されてしまったのか、ちょっと一緒に考えていただけますか？

実は日本では、家庭でも学校でも社会でも、お金に関する「知識」を学ぶ機会は非常に少ないのです。例えば「無駄使いはいけない」「貯金しなさい」と母親にいわれた程度ではないでしょうか。義務教育で、税金や社会保険、預貯金やローン、投資の基本、クレジットカードなどのキャッシュレス決済、不動産、相続など、個人の家計に関わるお金の基礎知識を学んでいけたら、もっと人生が歩みやすいものになると思いませんか？

その昔、日本は欧米先進国に経済的に遅れをとっていました。追い付くためには、企業に伸びてもらう必要があります。企業が伸びるには、会社員の皆様に、ひたすら長い時間定年まで一生懸命働いてもらうのが一番手っ取り早いのです。

そのためには、知って得する、知らなきゃ損するお金の知識や権利など、教えない方が国としては都合が良かったことでしょう。義務教育の教科書にお金の知識は入れたくない情報だったのでは？　作戦だったのでは？　なんて勘繰りたくもなります。

日本の企業はどんどん成長し、経済全体が大きくなっていきました。１９５４年（昭和29年）12月から１９７３年（昭和48年）の19年にわたった「高度経済成長」は誰もが知るところで、日本は先進国の仲間入りを果たし、経済大国と呼ばれるようにもなりました。

オイルショックにより高度経済成長が終わりを告げた後、約10年の安定期を経てバブル景気となります。会社員として一生懸命会社で働いていれば、給料やボーナスは上がり、60歳で充実した退職金を受け取り、満足のいく公的年金を受け取ることができたのです。まるで、自動的に幸せな老後まで運んでくれるエスカレーターのようです。

でも、その後の日本はどうでしょう。バブル崩壊後の概ね1991年から2011年は「失われた20年」と呼ばれ、長く経済は低迷し、会社員人生を取り巻く環境も大きく変わってしまいました。

年功序列、終身雇用制度も崩壊し始め、定期昇給やボーナスも当てにできず、「働き方改革」という名の下に、残業代が減っています。

退職金も心細くなりました。公的年金を受け取ることのできる基本年齢も60歳から65歳に後ろ倒しとなり、70歳からになる日も近い気がします。もちろん、年金の額も下がっていくでしょう。

そんな中、税金や社会保険料、物価は上がっています。もはや、会社員にエスカレーターはありません。これからの世界では、国にも会社にも頼れません。自分の力で歩いていかなくてはならないのです。

そんな今どきの会社員の足元を照らしてくれるのが、家計に関わるお金の基礎知識です。

本書では、この国で会社員として生きていくために最低限知っておきたいお金の知識、社会に出る前に学校で教えてほしかったお金の知識をお伝えしていきます。

今から一緒に歩いていきましょう。

講義1

手取りの基本

会社員の一年目から学ぶ「稼ぐ」「納める」「活用する」

給与明細は「読みどころ」だらけ

何事も土台が大切です。家にたとえるなら、土台あっての1階2階、そこからインテリアデザインなど次々夢が広がっていくはずです。講義1では、そんな基礎固めの目的で「もしも、新入社員研修の中でお金のセミナーがあったら?」を想定し、**お金の基本機能「稼ぐ」「納める」「活用する」について解説していきます。**ベテラン会社員の皆様も、ピュアな気持ちでお読みください。

会社員であれば、毎月の給料日を楽しみにしている方は多いはず。でも給与明細は見ていますか?　疑問点や明らかな間違いは会社に伝えなくてはなりません。そして何より給与明細には収入だけでなく、貯蓄や税金、社会保障にまつわる情報がぎゅっとつめこまれているのです。**給与明細をしっかり読めるようになることが、「お金に強くなる」第一歩**といえるでしょう!

では、給与明細の内容を具体的に解説していきます。まずは「**支給**」欄を見て入ってくるお金のチェックから始めましょう。**基本給**は多くの方が思っている以上に重要です。なぜなら、法律上会社の都合で簡単に下げることができないからです。会社の経営が危ぶまれる事

● **給与明細の例**

2021年７月　給与明細書				猫野　安男　様	
2021年８月25日支給　株式会社ねこ					
勤務	労働期間 ７月１日－７月31日		労働日数 20日	労働時間 160時間分	所定時間外労働 15時間分
支給	基本給 300,000	時間外手当 32,513			
		通勤費 7,940			支給額合計 340,453
控除	健康保険 16,728		厚生年金 31,110	雇用保険 1,021	社会保険計 (48,859)
	所得税 7,710	住民税 15,091			控除計 71,660
			差引支給額	268,793	

態であっても下げることが難しいほど、一度獲得すると労働者側の強い権利となります。また、残業代などの割増賃金を計算する基からも絶対に外されませんし、ボーナス、退職金などの基にもなっている会社が大半です。自分では指定できませんが、謎の手当や「〇〇給」が多い会社よりも**「基本給」がしっかり確保され、順調に上がっていく会社の方がホワイト企業**なのです。

通勤費は法律上ゼロでも問題ありません。テレワークの広がりによって通勤費を廃止する企業も出てきたので、規定を確認しましょう。引っ越しで最寄り駅が変わったら届出をすべきです。万一の事故等にも影響する可能性があるので、適切な通勤経路と金額の届出は重要です。

自分の時給を計算しよう――時給は基本給の1％の半分ちょっと

次に、時間外手当（以下、残業代）が正しく記載されているか確認しましょう。残業代は、会社ごとの「定時」を過ぎたらもらえるものではなく、原則1週40時間、1日8時間を超える場合が該当し、働いた分だけでなく「割増」付きでもらえます（深夜、休日労働にも割増があります）。

よく知られている残業代の大原則に「**25％増し**」がありますが、次のように計算します。

残業代＝1時間あたりの賃金×1・25×時間外労働時間
　※1か月60時間超は50％増（2023年3月まで一定の中小企業は25％増で可）

ある会社で1人のアルバイト大学生が割増されていないことに気付き、過去2年分までさかのぼってその会社の対象労働者全員にそれぞれ何十万円も支払われた例があります。この大学生は大学の授業で割増賃金を知っていたため、普段通りの時給しか支払われていないことに気が付きました。アルバイトは時給制なので、気が付きやすかったのでしょう。

● **会社員の時給のイメージ**

基本給20万円 →	時給1200円前後 →	残業の時間単価 1500円前後
基本給30万円 →	時給1800円前後 →	〃 2250円前後
基本給40万円 →	時給2400円前後 →	〃 3000円前後
基本給50万円 →	時給3000円前後 →	〃 3750円前後
基本給60万円 →	時給3600円前後 →	〃 4500円前後

※労働時間が多い会社の場合は少なく見積もること

月給制の会社員は、計算する上でもっとも重要な「1時間あたりの賃金」（以下時給）でつまずきがちです。

でも月給制で計算が面倒だからどうでもいい、というわけではありませんよね。自分の時給がどのくらいなのか、イメージ出来るようになりましょう。

週40時間のフルタイム労働者の場合、時給のイメージは基本給の0・6％前後（ブラック企業はもっと少なめに！）と考えましょう。その際、基本給に毎月固定で支払われる手当を勝手に足す人がいます。気持ちはわかりますがNGです。上に、0・6％かけた5例を挙げておきます。

もう少しだけ時給をリアルに知りたい方のためにおすすめの計算法は次の通りです。

ホワイト企業：基本給÷164（月平均所定労働時間）
ブラック企業：基本給÷173（　　〃　　）

正確な時給や計算根拠は、会社ごとの労働時間や休日などのルールによって異なります。完璧な計算を求めるのなら、会社の担当部署か就業規則等で確認してください。

起業を志している方や、いわゆる「意識高い系」の方にとって、「時給」という概念ほど陳腐で夢のないものはないでしょう。でも現在の日本では、**一般会社員の権利や給付を語る上で、「時給」は絶対的ファクター**です。ぜひ時給を把握し味方に付けてくださいね。

「残業代」を読み解く

さて、自分の「時給」のイメージがわくようになったところで、改めて給与明細から**残業代**について考えていきたいと思います。

いかがでしょう。あなたの給与明細に記載された残業代は正しいですか？

ここまでは大原則の考え方をお伝えしましたが、計算をした形跡がなく、毎月同じ金額で残業代を受け取っているという方もいるはずです。これは**みなし残業、固定残業**などと呼ばれており、一定のルールに従い採用している会社もあります。この場合、「○○時間分の残業代として毎月同額で○○円」と固定額で支給され、それ以上の残業が発生すれば差額がプラスされる仕組みです。

毎月何時間分の金額が支給されているのかが重要です。実際の残業時間に見合っているかの確認は、27ページでお伝えした計算方法と同じです。

残業が22時から翌5時までになった場合は「深夜労働」となり、深夜残業の時間単価は時給×1・5となります。

「休日労働」の時間単価は時給×1・35（休日労働かつ深夜労働は×1・6）です。

給与明細「額面チラ見」で「手取りガン見」の「天引きスルー」を卒業しよう

次は「控除」欄、つまり引かれるものを確認していきましょう。会社員の給料には「天引き」という仕組みがあります。自分が払うべき税金や社会保険料などを会社側が先に差し引いてから給料を支給することですが、当たり前過ぎて何も感じなくなっていませんか？

実は、「天引き」の金額や内容などの正体を知ることは、金銭感覚を磨くこと、無駄を省くこと、お金を貯めることなど、多くの人が手に入れたい「お金の偏差値」向上につながる第一歩なのです。

でも、残念なことに実態は、「額面チラ見」で「手取りガン見」の「天引きスルー」……。

ベテラン会社員に「給料から何がおおよそ何パーセント天引きされているか答えられますか？」と聞くと大概は苦笑い……。天引きされていることは理解しているものの、何が差し引かれているのかの問いにはフワッと曖昧な回答が精一杯、金額に至ってはデタラメまたは見当もつかないのです。どうせ引かれるし、使えないお金だし、という感覚でその中身は意識しないのでしょう。

それもそのはず、あなたが悪いわけでも何でもありません。この国では、家庭でも学校でも社会でも、お金のことを体系的に教わる機会はほぼないのですから。

ある日、大学生にこう聞かれたことがあります。「さっきから話に出てくる天引きって何ですか？　初めて聞いたんですけど！」。私ははっとしました。

このような状態で就職して、業務に追われる日々が始まるわけです。特に意識しなければ、額面と手取りしか把握しない暮らしになってしまいます。

でも、考えてみてください。**一生懸命働いて得た給料の中から、金額も内容もほぼ意識せずにホイホイ天引きされてしまって良いのでしょうか？**　これが、お金に無頓着な会社員が出来上がってしまう入り口だと思います。

お金が山ほどあるなら無頓着な人も平和で魅力的な気もしますが、一般的な人は、そのまま放置すれば年齢とともに漠然とした不安が増していきます。そして何も知らないままだと、間違えた金額が天引きされていたって気が付かないと思いませんか？　実際に、何十年も厚生年金保険料が間違って天引きされていたため、老後の年金額が少なくなったというトラブルの例もあるのです。

会社員になったら、早い段階で**「天引き」を理解することが重要です。**

給与天引き高額ランキングで解説！

さてここからは、天引きされるものの内訳を具体的に解説していきます。

26ページの給与明細を、今度はもう少し詳しく見ていきましょう。まず、給与明細の「支給」欄を確認した後は、**手取りに目を奪われる前に天引きされるものと金額を確認するクセを付けてください。**給料等によって金額が変わるものもありますが、例を使って、高い順番に、おおよその割合、そして、引かれる額の考え方を説明していきます。

1位：厚生年金保険料（図の例では基本給の約10％）

公的年金は2階建てといわれますが、この2階部分が厚生年金。会社員ならではの上乗せ

●給与明細に載る天引きの例

2021年７月　給与明細書				猫野　安男　様	
2021年８月25日支給　株式会社ねこ					
勤務	労働期間		労働日数	労働時間	所定時間外労働
	７月１日ー７月31日		20日	160時間分	15時間分
支給	基本給	時間外手当			
	300,000	32,513			
		通勤費			支給額合計
		7,940			340,453
控除	健康保険		厚生年金	雇用保険	社会保険計
	❷16,728		❶31,110	❺1,021	(48,859)
	所得税	住民税			控除計
	❹7,710	❸15,091			71,660
			差引支給額	268,793	

※東京都40歳未満扶養親族なし、2021年７月分翌月８月支給と仮定します

※健康保険は協会けんぽ（東京都）の場合です

※住民税は概算です

※2021年当初から基本給、手当、交通費は変わっていないものとします

「時間外労働手当」の欄の計算は次の通りです

300,000円（基本給）÷173時間（この会社の月平均所定労働時間）＝1,734円（時給）

1,734円（時給）×1.25×15時間（時間外労働時間）＝32512.5円

→ 32,513円（残業代）

です。1階部分である国民年金（基礎年金）に加えて受け取ることができるので、1階建ての人よりも会社員の方が通常は年金の合計額が多くなります。

保険料は、原則4、5、6月に支払われた基本給、通勤費、残業代等の手当を元に9月から翌年8月の支払いが決まってくるので、「春に残業をするな！」という考え方があります。ただし、7月以降に基本給や残業代が3か月続けて増えると、支払う額は再計算されて結局上がります（3か月続けて減ると保険料は下がります）。

高いことが不満に思えるかもしれませんが、天引きされる厚生年金保険料は、お年寄りや、障害のある方、家計の稼ぎ手を亡くした遺族の方への年金として支払われています。つまり、自身の老後に一生涯受け取ることができる年金、もしもの時の障害年金や遺族年金にもつながります。支払った額以上を受け取る方も山ほどいるのが特徴です。

助け合いの要素が強い社会保険制度なのです。

2位：健康保険料（地域や組合で保険料率が異なり、図の例では基本給の約5・6％）

40歳以上は介護保険料もプラスされます。

病院に行ったら窓口で提出する保険証の元とでもいいましょうか。健康保険に加入していることで、病気やケガの際、本来かかる治療費の3割を支払うだけで済みます。7割は健康保険が負担してくれているということです。その他、入院時の食事に対する給付、病院に支払う月の金額を一定額で抑えてくれる給付（高額療養費）、働けない場合の給料代わりのような給付（傷病手当金）、出産時の給付（出産手当金）もあります。要件を満たす扶養親族も保険料ゼロで健康保険証を持つことができますし、世界最強の公的医療保険ともいわれています。

保険料は、原則4、5、6月の基本給等が決め手となるのは厚生年金と同様です。

3位：住民税（地域で基準掛率が異なり、図の例では基本給の約5％）

一定額（地域によりますが年間100万円程度）より多く稼ぐと、住んでいる（住民票のある）都道府県、市区町村が運営していく費用として、そこの住民は住民税の支払いが必要となります。地域によってかかる費用も違うので、多少の高い安いがあります。

税額は、1月から12月の稼ぎで翌年分が決まるので、一時的にたくさん稼いだ方が翌年多く徴収され、手取りの少なさに驚いたという話をよく耳にします。

後述しますが、年末調整の際、**扶養親族や生命保険の情報などを書いた方（「〇〇控除」が**

多い方）、ふるさと納税でワンストップ特例制度を活用した方、iDeCoやマッチング拠出を行った方は支払いが少なくなります。

なお、会社によっては天引きを行わず、送られてきた納付書で各自納める方法を採用しているケースもあります。天引きスタイルを「特別徴収」というのに対し、納付書スタイルは「普通徴収」といいます。

4位：所得税（図の例では基本給の約2・6％）

一定額（年間103万円）より多く稼ぐと、国が運営していく費用として所得税の支払いも必要となります。

天引きされる税額は、その月の稼ぎと扶養親族の数等で決まります。

実際の税額はその年の1月から12月の稼ぎと年末調整で計算されて確定します。実際の額より多めに天引きされるため、大半の方は還付金として差額を受け取ることになります。住民税と同じく、「〇〇控除」が多いと税額が少なくなる効果があります。

5位：雇用保険（図の例では基本給の約0・3％）

会社を辞めて新しい仕事を見つける際に、ハローワークで手続きをしてお金を受け取る「失業保険」(基本手当)が有名です。その他にも、就職に役立つ資格を取るための費用、育児や介護で今まで通り仕事をするのが大変なときの給付など、就職、雇用の維持・継続・安定などに関するたくさんの給付を支えるために徴収されます。

保険料は、その月の基本給、残業代、交通費などあらゆるものを足したもので毎月計算されます。

業種による離職率の違いなどで若干高い安いはありますが、天引きされるものの中でもっとも安いです。

ただし、扶養の範囲内のパート労働者でも、先述の1位から4位までが天引きされていなくても雇用保険だけは対象となる場合があります。

天引きされる額の合計は、例のケースで基本給の約24%(支給額合計の約21%)です。年齢や収入が上がれば高くなるものが多いので、**基本給から約25%は天引きされるという金銭感覚を持っておきましょう。**

そもそもボーナス（賞与）とは

さて、ここまでは月イチでもらえる給与明細についてお話ししてきました。次は皆様も大好きな、ボーナスについてです。会社員の中には、夏・冬のボーナス（賞与）をもらえて当たり前のように考えている人もいますが、実は、**ボーナスはゼロ円でも法律的には何の問題もありません**。そう考えると、ボーナスよりも基本給の方がはるかに重要です。同じ年収でもボーナスの比率が違うことがありますが、基本給の比率が高い会社の方がホワイト企業といえます。ホワイト過ぎる制度を作ってしまうと経営難のときに苦しくなりやすいので、会社としては悩ましいところなのですが……。

ボーナスは、支給されるなら基本給の何か月分という計算をする企業が多いので、ここでも基本給は重要です。基本給の1か月分とか、大手企業では基本給×2・5か月分というのもよくあるパターンです。会社の業績や自分の業務実績などで大いに変動もあり得ます。夏と冬だけでなく、会社の業績が良い場合は期末にも支給される会社もあります。

ボーナスからも天引きされる！

晴れてボーナスが支給されたあかつきには、給与同様に天引きされる社会保険料と税金に

●賞与明細の例

2021年７月　賞与明細書				猫野　安男　様	
2021年７月10日支給　株式会社ねこ					
支給	賞与額 600,000				
					支給額合計 600,000
控除	健康保険 29,520		厚生年金 54,900	雇用保険 1,800	社会保険計 (86,220)
	所得税 31,474				控除計 117,694
			差引支給額	482,306	

※給与明細と同一の人物・条件とします

も心を配りましょう。**給与との特徴的な違いは、住民税が引かれないことです。**

　次の図の例は26、33ページと同じ属性の方の賞与明細ですが約20％天引きされています。この方が40歳以上なら、さらに介護保険料（５４００円）も引かれます。**やはりボーナスからも約２割を納めているという感覚をしっかり持つようにしましょう。**

年末調整・源泉徴収票から税金を学ぶ

　毎年10～11月になると恒例の「年末調整」の横型の紙が配布されます。これは、**所得税・住民税の額を確定させるための作業で、いわば「会社員の確定申告」です。**所得税と住民税は、働く人にとって最も身近な税金で、毎月の給与から控除されています。12月になると、１年間の給与総額や個別の状況をもとに会社で税金を計算し直します。年末調整の結果、多めに払っていた所得税は戻ってきます。これが「還付金」です。

そもそも税金とは「社会という会の会費」

ここで少し話がそれますが、そもそも税金とは何なのでしょうか。多く納めたい！　とまでは思えませんが、税金はどうしても必要なものです。いつも歩いている道も、毎日使う水道も、ゴミの収集や処理、もしもの際の警察や消防、年金、医療、福祉、教育など、社会生活に必要なもののために税金が使われているからです。私たちは、どう考えても社会に属さずに暮らしていくことはできません。税金は、**「社会という会」の「会費」と考えることができます。**

家計のためには、「節税」とか「税金対策」に注目してしまいますし、賢く対策しておきたいのですが、税金の意義を考えれば、声高にいいにくくなってしまいますね。

また、税金の原則として、たくさん稼いだ人や多くお金を受け取った人が多く払う計算になります。そういう方々には嫉妬してしまいそうですが、税金をたくさん払ってくれるありがたい人だという考え方もできます。

税金の仕組みや知識を得ることだけでなく、こうした大義もとても重要だと思います。

個人の決算日は大晦日——「とりあえず」天引きされる所得税

さて、年末調整の話に戻りもう少し理解を深めましょう。月々天引きされている「所得税」ですが、実は概算のザックリした額なのです。会社は、給料の額（社会保険料控除後）と扶養親族等の人数というたった2つの情報を基に、国税庁が決めている額（源泉徴収税額表より抽出）を天引きすることになっています。

でも、生命保険料や扶養親族の状況などによって、実際の税額は人それぞれです。とはいえ会社側は、誰がいくらの生命保険に加入しているとか解約したとか、配偶者や親を新たに扶養することになった、など細かい「情報」や「変化」を、いちいち把握できるわけがありません。そこで、実際の所得税よりも一般的にやや高く設定された「**とりあえずの金額**」を**天引きしている**というわけです。

1月から12月の1年間を単位に計算し、「12月末日時点の状況」ですべてを確定します。大晦日はいわば個人の決算日です。やや多めに差し引かれた所得税を個々の状況に合わせて**再計算するための作業**が「**年末調整**」です。

春でも夏でもなく「今年も残りあと少し」の時期に行われる理由は、個人の決算日である12月末日が目前なので、「今年起こることはほとんど起こったでしょうし、年末までに起こることもほぼ確定しているでしょうから、税金の計算に影響のある年末時点の情報を紙に書いて教えてください！」ということなのです。

税金が安くなる「お得ポイント」をプレゼンする場

会社は、提出された年末調整の紙から「大晦日時点での状況」を読み取り、実際の税金を計算してくれます。そして、多めに天引きしてあった所得税から差額を戻す（還付）準備を進めてくれます。

年末調整とは、天引きされた額から差額を取り戻すための作業であり、**税金が安くなる「お得ポイント」をプレゼンする場**なのです。

お得ポイントとは、一定所得以下の配偶者を扶養している場合の**「配偶者控除」**、親や子などを扶養していたら**「扶養控除」**、ほかにも**「生命保険料控除」「地震保険料控除」**、**人気上昇中のｉＤｅＣｏ加入による「小規模企業共済等掛金控除」**などのこと。詳しくは後ほど説明します。

人に関する控除は「いろいろお金がかかるでしょうね」という意味で、その他控除は「国としても助かります」という意味と考えられますよね。つまり、該当する所得控除が多ければ多いほど税金が少なくなり、戻ってくるお金（還付金）が増えます。

年末調整の用紙にもれなく記入することは、手取りを増やすために非常に大事だということが伝わったと思います。

もしも、年末調整後に変化があった、住宅ローンを組んだ、医療費が高額になったなど、年末調整の紙でプレゼンしきれなかった場合は、年が明けたら税務署に直接伝えるべく確定申告を行えば問題ありません。

会社まかせの年末調整も、天引き同様に会社員にとって便利な反面、税金に対する意識や納めている感覚が薄くなり、お金に無頓着な社会人をつくる原因になっていると思います。せめて、ここでお伝えした仕組みは知っておきましょう。

ここまで、所得税について解説してきましたが、住民税は、とりあえず多めに差し引くことはなく、同様の流れで計算した実際の住民税を翌年の給料から差し引きます（前述した通り、会社によっては天引きではなく、納付書により各自納める場合もあります）。

源泉徴収票からわかる納税内容

無事年末調整も終わったころに配られるのが「源泉徴収票」。源泉徴収票は、会社員個人に代わって納税をした会社が、本来の納税者である社員に、納税の内容を知らせるものです。

源泉徴収票の見方を解説していきますので、自分の年末調整の申告と食い違いがないかも、しっかり確認しましょう。

お得ポイントのトータル

氏名	(受給者番号)		
	(個人番号)		
	(フリガナ)	ネコノ ヤスオ	
	(役職名)	猫野安男	所得税

所得控除の額の合計額	源泉徴収税額
円 1 170 903	内 円 128 000

社会保険料等の金額	生命保険料の控除額	地震保険料の控除額	住宅借入金等特別控除の額
内 円 690 903	円	円	円

厚生年金

健康保険（介護保険）

雇用保険

「収入」と「所得」の違い、答えられますか

ここで質問です。あなたは自分の「所得」がいくらか即答できますか？　年収、つまり年間の「収入」を答えられない会社員はあまりいません。なぜなら、毎年もらう給与所得の源泉徴収票（以下、源泉徴収票）の一番目立つ左上に書いてあるからです。でも、「所得」を答えられ

●源泉徴収票の例

令和2年分　給与所得の源泉徴収票

支払いを受ける者	住所又は居所	東京都千代田区大手町2丁目22番

給与収入　給与所得

種別	支払金額	給与所得控除後の金額
給与・賞与	内　4 800 000 円	3 400 000 円

控除対象配偶者の有無等					配偶者特別控除の額	控除対象扶養親族の数（配偶者を除く）						障害者の数（本人を除く）	
				老人		特定		老人		その他		特別	その他
有	無	従有	従無		円	人	従人	内　人	従人	人	従人	内　人	人
＊													

る会社員とは会ったことがありません。

「所得とは、税金とかを引いた額ですか？」と答えてくださる方もいらっしゃいますが違います。

まずは「所得」と「収入」が別モノであることを知ってください。では、所得とは何か？

所得＝収入－必要経費

「所得」とは「**必要経費**」を引いた後のものですから、「収入」と額が異なるのはほぼ当たり前のことです。

自営業者のいう「領収書ください！」でおなじみの必要経費ですが、会社員にそんなものないし……と思いますよね。

でも、会社員だって、どう考えても仕事専用のスーツや靴、バッグなど、何かと自分のお金で買っています。つまり、経費はかかっているのです。

これらに関しては、いちいち領収書をもらわなくても、**国が計算式を決めていて、自動的に計算される仕組みになっています。**

会社員の経費のことを「**給与所得控除額**」といいます。つまり、会社員にとっての「所得」（給与所得）は次の通りです。

給与所得＝給与収入－給与所得控除額

源泉徴収票の「支払金額」（年収・給与収入）の右側に「**給与所得控除後の金額**」という記載があるはずです。これがあなたの「所得」（給与所得）です。

図の例では、収入480万円の約29％である140万円が自動的に経費と見なされて引かれているので、所得は340万円ですね。

「○○控除」が多いとなぜ税金が安くなるのか？

● 所得控除の例

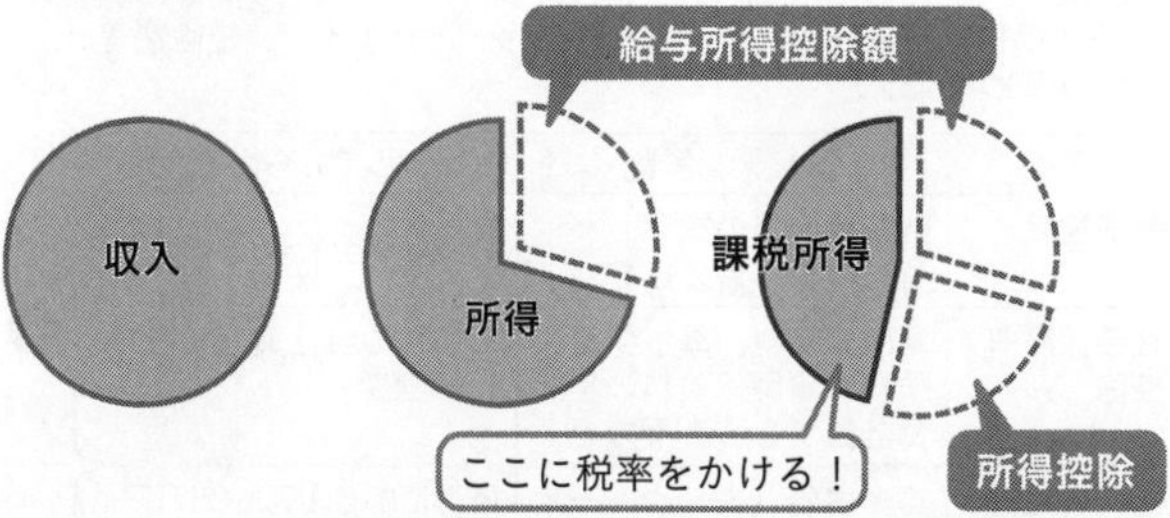

収入ー給与所得控除額ー所得控除 → 課税所得

ここでいよいよ、42ページで触れた自身のお得ポイント、「所得控除」が登場です。

控除は「差し引く」という意味で、「所得」から年末調整で会社に伝えた「〇〇控除」の合計額を差し引いたものを「課税所得」といいます。

課税所得＝所得－所得控除

※給与所得以外の所得はないものとします。

ここでお気付きかと思います。**課税所得とは、読んで字のごとく税金が課される所得のこと。**課税所得に税率が掛け算されて所得税と住民税が確定するのです。当然ながら、**課税所得が少なければ少ないほど税金も少なくて済む**というわけです！

この例では、所得控除が最小限ともいえる左の2つで

● **所得控除いろいろ**

※所得税の場合（住民税にも所得控除がありますが、控除額等が変わります）

名称	カンタン解説	カットしてもらえる金額	
基礎控除	納税者全員の権利 名付けて「自分控除」	大多数の会社員は48万円	A
社会保険料控除	健康保険料、厚生年金保険料、雇用保険料の年間合計額がまるまるカット	大多数の会社員は年収の15％程度	A
配偶者控除（配偶者特別控除）	専業主婦（夫）や、一定所得以下で働く配偶者を扶養している場合に該当	所得に応じ１万～38万円 合計所得金額が1000万円を超える会社員はNG	B
扶養控除	高校生、大学生、両親などを扶養している場合	年齢等により38万～63万円	B
生命保険料控除	生命保険や共済に加入している場合	生命保険の種類や支払った年間保険料により最大12万円	B
地震保険料控除	地震保険（一定の長期損害保険も可）	種類や支払った年間保険料により最大５万円	B
小規模企業共済等掛金控除	iDeCo（個人型確定拠出年金）の掛金年額、企業型DC（企業型確定拠出年金）の加入者掛金（マッチング拠出）年額がまるまるカット	iDeCo⇨最大27万6000円 企業型DCのマッチング拠出⇨最大33万円	C
寄附金控除 ※税率控除にも該当	ふるさと納税が該当 国、地方公共団体、一定の公益団体などに寄附をした場合	一般的な寄附額の会社員は寄附金の額の年間合計額－2000円	C

Ⓐ会社員みんなが持っている控除
Ⓑ該当すれば手に入る控除
Ⓒやれば手に入る控除

す。

- 基礎控除（納税者全員が持っている控除で、名付けて「自分控除」）
- 社会保険料控除（1年間に払った健康保険料、厚生年金保険料、雇用保険料の合計）

その他の控除も含め、代表的なものを簡単にまとめました。

自分でコントロールできておすすめしたいものは、表のⒸにあたるiDeCo（個人型の確定拠出年金）の掛金、企業型確定拠出年金（企業型DC）のマッチング拠出の活用による「小規模企業共済等掛金控除」、ふるさと納税による「寄付金控除」です。確定拠出年金については講義4で取り上げます。

お金は使ってこそ活きるもの

さてここまでで、年間自分がいくら「稼いで」いくら「納めて」いるのか、明確になったことと思います。ここからは働いて稼いだお金を「活用して」いくことを考えていきます。

自分が短期的にいくらまで使っても大丈夫なのかと把握し、中期的・長期的に何のためにいくら貯めていきたいのか、そういったことを一度考えてみましょう。

ふわっとした認識で給料を受け取ってぼんやりとお金を使う楽しそうな会社員は、個人的には微笑ましくて嫌いではありません。でも、そんな日々を繰り返すと、毎月収支カツカツの状態が続き、気が付けば貯蓄ゼロの中年が簡単にできあがります。貯蓄ゼロどころか、キャッシングやカードローンによる借金が日常的になっている会社員も存在します。それでもＯＫという人はまずいませんよね。

一方、節約と貯蓄は善で無駄遣いは悪という思考の人や、何かあった時の備えとしてできる限りの節約と少しでも多い貯蓄を目指している、という人もいらっしゃいます。それがご本人の趣味で生きがいというなら自由ですが、仕事で稼ぐお金も貯めるお金も「もしものため」というのは、私には健全だとは思えないのです。不安だから使えない、不安だから貯めるという人も少なくありません。

この極端な両者には共通点があります。短期的な収支の把握が甘いため、いくら使って良いのかわかっておらず、中期的・長期的に貯める目的も目標もないのです。**使えるお金は気持ちよく使って、貯めるべきお金は確実に確保する**、これが楽しくて安心な暮らしに繋がっていくことだと私は考えています。では、そのための入り口を見ていきましょう。

質問1：年間の「手取り額」を即答できますか？

会社員で「年収」を答えられない人はまずいない、と先ほど書きました。逆にいうと、**年収以外を答えられる人があまりにも少ないのです。**

一般的には、家を借りる時、住宅ローンを組む時、クレジットカードを作る時など、「借りる」にからむ場面で年収を記入する必要はあります。それは、ちゃんと支払っていけるのかを見極めるため相手側にとって必要な情報です。年収で審査をし、借りられる金額なども決まります。

でも、自分自身にとっては、「借りられるかどうか・借りられる金額」よりも、「返していけるか・返していける金額」の方がはるかに重要な問題です。

また、お金を使ったり、貯めたり、何か先の計画を立てる際にも、年収なんて全く参考になりません。**年収のことは今日限りで忘れても大丈夫です！**

会社員に即答できるようになってほしい数字とは、年収から絶対に払うことになる税金と社会保険料を引いた金額です。これを「**可処分所得**《かしょぶん》」といいます。つまり、年間で使うことが可能な金額で、ざっくり「**手取り**」といえますね。

毎月の給料明細では手取りしか見ないのに、年間でたずねると即座に手取りを答えられないことにはいつもツッコミを入れたくなります。不思議かつ興味深い現象です。

頭の中で、月の手取りに12を掛けて、ボーナスを足そうとして諦める人が多いです。

どういう心理か、ボーナスは額面金額を覚えていて、手取りがわからない傾向が見受けられます。源泉徴収票や賞与明細は、リアルな毎月の給料よりも夢のある金額だから、一番大きな数字に注目してしまうのかもしれません。

でも、そういう時こそ、気持ちが大きくなってしまったり、金銭感覚がマヒしてしまわないように手取りを知ることが重要です。

会社員のお金回りを健全に整えるための生命線は「手取り」です。しかし、皆さん手取りへの意識がちょっと甘いのです。**今日からもっと手取りを追求して、**

※④住民税については市民税・県民税特別徴収税額の決定通知書の「特別徴収税額」欄を参照のこと

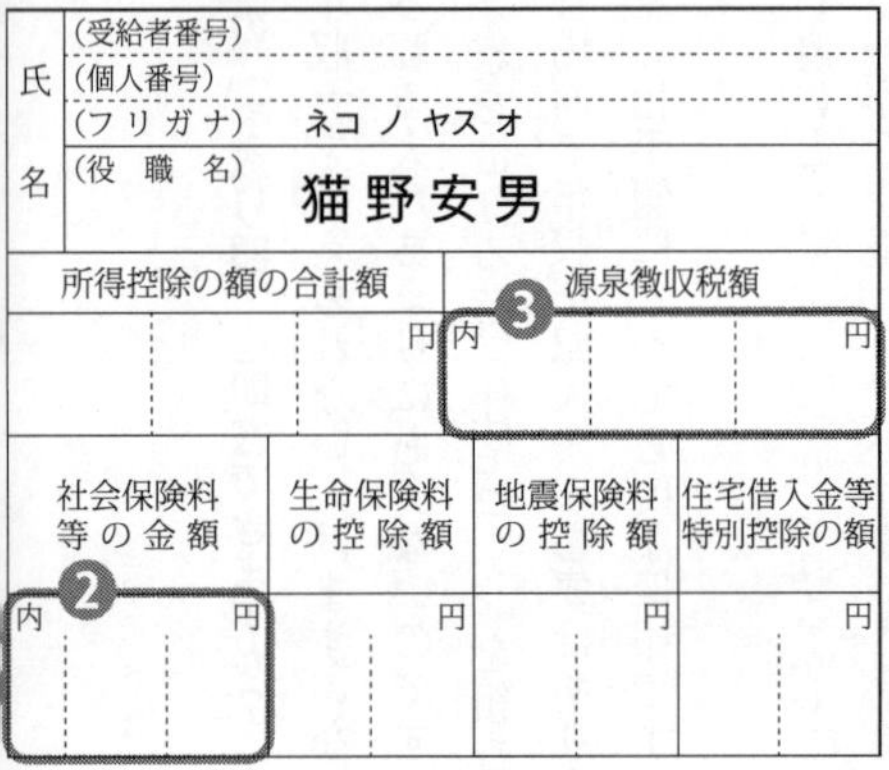

● 可処分所得の例

可処分所得＝ ❶年収 － ❷社会保険料 ｛厚生年金／健康保険／介護保険／雇用保険｝ － ❸所得税 ❹住民税

令和２年分　給与所得の源泉徴収票

支払いを受ける者	住所又は居所	東京都千代田区大手町２丁目22番

種別	支払金額	給与所得控除後の金額
給与・賞与	❶ 内　円	円

控除対象配偶者の有無等					配偶者特別控除の額	控除対象扶養親族の数（配偶者を除く）						障害者の数（本人を除く）	
				老人		特定		老人		その他		特別	その他
有	無	従有	従無		円	人	従人	内　人	従人	人	従人	内　人	人
＊													

手取りの最大活用、最大化を目指していきましょう。間違いなくご自身の会社員人生を豊かに送っていくことに繋がります。

未来を見据える年単位思考を身につけよ

本講義をここまで読んだ方は、月単位（給料）、半年単位（ボーナス）、年単位（年末調整・源泉徴収票）と、思考のステップアップを図ってきたはずです。会社員は毎月給料が入ってくるので、ついついい月単位ばかり見てしまいがちですが、未来を見据えるには年単位思考が必須です。

よくある相談に「家を買いたいんです

が、今の収入でも大丈夫でしょうか」「65歳までにいくら貯めれば老後は安泰ですか」があります。これらはまさに未来を見据えて考えることです。その答えを出すためには、家計簿で1円合わないとか、今月は厳しいといった目の前の問題から一旦離れて、年単位かつ数十年先までシミュレーションするしかありません。

そこで基本となるのが「**可処分所得**」です。

年単位といわれて、年収ではなく可処分所得が浮かびましたか？

ここでもう一度おさらいしましょう。

可処分所得＝年収－（社会保険料＋税金）

ざっくり25％が差し引かれるという金銭感覚が重要なことはお伝えしてきましたが、ここまでの内容でもっと正確に知ることが可能になりました。

- 年収：源泉徴収票上段の支払金額の部分です（①）。
- 社会保険料：源泉徴収票下段に、天引きされた厚生年金保険料、健康保険料（＋介護保険料）、雇用保険料の合計額が記載されています（②）。

・税金（所得税＋住民税）

所得税：源泉徴収票上段の右端にあります（③）。

住民税：住民税決定通知書の「特別徴収税額」欄、または、給与明細で引かれている額を合計します。自分で納める場合（普通徴収）はズバリ納付書で確認できます。

質問2：先月は、ATMでいくら引き出しましたか？

この質問に答えられますか？

小遣い制で、上限いっぱいまで使い切った方は当然答えられますが、そうでない方の大半がスパッと答えられません。目を合わせず謎の言語をブツブツつぶやくのです。おおよその金額を聞いただけなのですが、それでも皆さんの認識が非常に怪しいことがわかります。

もちろん、キャッシュレス決済も拡大しているので、必ずしもATMで引き出した現金の把握だけが重要とはいいません。では、クレジットカード、電子マネー、スマホ決済の支出ならどうでしょう。こちらも、難しいようです。

月々の収支がマイナスでもOKという人はいないはずです。一般的な会社員であれば、手取りがある程度安定しているので、いくらまでの支出であれば収支がプラスなのか、常識の範囲なのか、おのずと決まってきます。その範囲から大きく逸脱していないかどうか、確認するには支出額の把握はどうしても必要です。貯めたい、投資もしたいというならなおさらです。

何にいくら使ったのか、内訳を1円の狂いもなく記録することまでは求めていませんが、おおよその額もわからないのは大雑把すぎます。

1か月に引き出す金額を決めておけば良いだけですし、クレジットカード・電子マネー・スマホ決済などのキャッシュレス決済は、毎日触っているスマホで利用履歴やチャージ額を見るだけなので、把握はそんなに難しいことではないのです。

かくいう私も、実は元来ズボラでどんぶり勘定な人間です。いつもテキトーだけどうまくいく方法や考え方を追求しています。そこで編み出して今でも実践している現金支出を把握するための「半月折り返し法」を紹介します。

月々の手取りを見れば、使える金額の上限は決まってきますので、その中から自分で使う金額を決めます。それを2で割った額を1日と15日に引き出して、月の前半と後半に分けて極力すべて使い切るのです。例えば毎月1日に1万5000円引き出して財布に入れ月の前半で使い切り、15日に1万5000円を引き出して財布に入れ月の後半で使い切ります。これなら毎月「現金は3万円使った」とハッキリいえます。使い切れといわれると、「ん！　折り返し日まであと2日だけど1000円切ったな」などと考えるようになり本能的に自動セーブ機能が働くのです。どうしても余ったら、貯金箱に入れるなどいかがでしょう。

前半後半に分けて月に2回なのには理由があります。1回とか毎週ではダメなのです。例えば50メートル泳ぐことや10キロ走ることを思い浮かべてください。素人さんがゴールするには、まず折り返し地点がある方が「あと半分か」と把握できるので頑張れるような気がしませんか？

毎週や隔週など細かく区切ると、今がどこなのかわからなくなり、私の場合は段々どうでもよくなりました。でも、半月で折り返すのはとてもわかりやすいのです。

給料日に引き出さないのもポイントです。給料日直後には気が大きくなりやすく、折り返し日がわかりにくいからです。

スマホ決済の支出も1日と15日にチャージをし、スマホで残高を見ながら折り返し地点とゴール地点で使い切るようにしています。

何かの事態で足りない時は、追加で引き出すなりチャージするなりの判断をします。

半月折り返し法は月々の手取りが比較的安定している会社員には特にオススメです。

クレジットカードについては、スマホでマメな履歴確認をするのが鍵です。1か月ごとに郵便やメールで確定額を見るなんてあり得ません。ズボラな人が1か月前に何に使ったのか覚えているなんて奇跡に近いと思います。

もうファイナンシャルプランナーはいらない?!

さて、講義1の最後に、ファイナンシャルプランナー（FP）の手法の一部を種あかししていきます。

お客様の家を買いたいなどの希望や将来安泰かどうかの確認などに対して私たちがアドバイスする際は、年間の収支、貯蓄残高の推移の15~20年分のシミュレーションをまず行います。

ここでまず登場するのが「**可処分所得**」です。皆様はもうわかりますね。

左に簡単なキャッシュフローシミュレーション表を載せます。表の①欄に、自分や家族の可処分所得、その他入ってくるお金があればすべて合計したものを入れます。

●キャッシュフローシミュレーション表（万円）

	1年目	2年目	3年目
①収入合計	500	500	500
②支出合計	450	400	450
③年間収支（①－②）	50	100	50
④貯蓄残高（前年の④＋今年の③）	400	500	550

次に②欄の「支出合計」です。家計簿をつけていなくても、一昨年の年末の通帳残高、昨年末の通帳残高を見れば、年間いくら引き出したのかわかりますね。

③欄の年間収支は①から②を引くだけです。

最後に④欄は年末時点での「貯蓄残高」です。個人の決算、税金の締め日である大晦日に家中の現金・預貯金をかき集めたらいくらあるか、ということです。

年単位の「可処分所得（収入）」「支出」「貯蓄残高」が確認できれば、「入学・卒業」など人生の出来事（ライフイベント）を想定しながらキャッシュフロー（収支の）シミュレーションをしていきます。

表の例では、初年度の貯蓄残高が400万円で、翌年の年間収支が100万円の黒字ですね。翌年の貯蓄残高は前年の残高400万円に今年余った100万円をプラスして500万円となります。仮に年間収支が赤字の年は、前年の貯蓄残高から引き算するので、翌年の貯蓄残高は減ります。

あくまでシミュレーションですが、このように計算を進め、貯蓄残高が堅調に推移しそうなら、極端な出来事がない限り「この家を買っても大丈夫そうですね」というアドバイスになります。

一番下の貯蓄残高がマイナスならズバリ「破産」という意味です。プラスであってもギリギリなら一生崖っぷちを歩き続けることになるので、FPは止めに入るなり、収支を改善する方法を提案していきます。

お金のセルフ健康診断をやってみる

このシミュレーションの表は「**キャッシュフロー表**」といい、私たちが相談を受ける際の肝になるのですが、ご自身で作成することも可能です。

「日本FP協会　キャッシュフロー表」で検索すると、FP資格試験の実施やFPの考え方を拡げる活動をしている機関で公開しているキャッシュフロー表を手に入れることができます。Excel版は計算式も入っているので便利です。

キャッシュフローシミュレーションに問題がなければ、今のところ「お金の健康診断で異常なし」ということです。シミュレーション通りに支出の計画を進めていけば良いでしょう。

中には、「あれ？　不安に思っていたけど意外に大丈夫そう」という結果になっている方も案外多いはずです。というのは、本書を読んで、さらにすぐこのシミュレーションを試すアクションができる人はそもそもポテンシャルが高いと予想できるからです。

もっというと、私の悩みでもあるのですが、お金の本を手に取る方は、既に知識が豊富な気がします。一例はＡｍａｚｏｎのレビューです。「ほとんど知っていることだった」「ネットで調べればわかることばかり」などの感想が散見されますが、実際の相談者や友人や親戚、会社主催の従業員向けセミナーなどで生の声を聴くと、そんなレベルの方はなかなかいらっしゃいません。

できることなら、「お金の健康診断でやや異常あり」の方に早く気付いていただき、少しでも早く健康体になってほしいのですが……。手遅れになる前に出会いたいものです。

そんなことは私だけの力では叶わないので、世の中のＦＰやお金を考えるキッカケを作ってくれる人、既に知識の豊富な方、本書を読んでくださった方などが、お金の健康、問題点の早期発見の重要性、自分が「へぇ！」と思ったことをあちらこちらで広めてくれることを願っています。

大丈夫なら次のステップへ、問題ありなら改善へ

キャッシュフローに問題がないと分かったら、ぜひとも次のステップに進んでください。健康体が確認できたのであれば、やみくもに貯めることから卒業して、お金のより良い「使い方」を計画していくのはいかがでしょう。日本中にこの段階へ進める人がどんどん増えていくのが理想的だと私は考えています。

お金の健康診断と称する未来へのシミュレーションを全くしないと、健全極まりない家計にもかかわらず、漠然とした不安から抜け出せない方が多いのです。その結果、一生に渡って「**節約と貯蓄に縛られ続ける旅**」をすることとなり、死ぬ時がいちばんお金持ちで人生が終わってしまいます。それが最高の望みだ、なんて人はいないと思います。

お金は使ってこそ意味が発揮されるもの。私の願いとしては、最終的にはお金を貯めるだけの人で終わるのではなく、お金を使える人になってほしいのです。節約&貯蓄ばかりで生きてきた方は使うことが苦手です。豊かな老後のためとか、いつか使うなんていっていても、ある日突然お金をバンバン使う人に変身するのは難しいことです。心身ともに元気で欲に満ちている保証もないですし、意識的に使う力も鍛えていきましょう。

逆に、貯蓄残高がマイナス（＝破産）、または崖っぷちの人が、現実を知らず浪費を重ね、

「金は天下の回りもの～♪」などと笑っていたりします。そんな人間性は個人的に嫌いでないどころか大好きで、微笑ましいのですが、同時に「オイ！　お前がいうな～！」とツッコミを入れたくなります。そのキャラクターと笑顔がお金のせいで失われないことを願ってやみません。

現実を知って改善を決めたら、まず考えるべきなのは**収入を増やすこと**、**支出を減らすこと**、この２つが基本手段となります。応用手段は長期的にお金を育てていく資産運用です。順番に学んでいきましょう。

講義2

手取りを「貯める」

「先取り貯蓄」で仕組みをつくる

お金を貯めるのはなんのため？

ズバリ、皆様がお金を貯める目的はなんですか？　もしも何かあった時のため、という考えもあるでしょうが、目的がそれだけしかないと、「もしも」のために働いて、「もしも」のために支出を削って、「もしも」のために貯めるということにもなりかねません。これで楽しいという人はいないでしょう。

このコンセプトで貯めていると、「もしも」以外の場面でお金を使うのが怖くて、お金を気持ちよく使えない人になってしまいます。こんな人が増えていくと、この国の経済はどんどん萎縮してしまいます。

講義2では、貯める目的を持ち、目的に合った貯め方をして、**目的通りに使い切って一生を終えるくらいの気持ちで**「貯める」を見つめ直してみましょう。

貯めない勇気も……ない

なかなかお金が貯まらないという方は多いのですが、そもそも貯める必要があるのでしょうか？　貯まらないし、貯める目的もないし、貯める必要もないと判断したのなら、いっそのこと**「貯めるのをやめる」という究極の選択肢があります。**

ケンカを売っているわけでも何でもなくて、世の中には貯めなくても問題なく生きていける人はいます。その才能がありそうですか？

こんな話をすると嬉しそうに喰いついてくる方は一定数いるのですが、現段階で**生活のためにキャッシングやカードローンを利用している人は、才能ナシです。**すでに自分のお金で生活ができていないので問題があります。

本気でいけそうだ！　と思ったら、おすすめの著書があります。『あり金は全部使え　貯めるバカほど貧しくなる』（堀江貴文著、マガジンハウス刊）です。この本は貯めない派のバイブルとして素晴らしいと思いますし、とても面白いです。堀江氏のように生きていけそうなら、生涯実践してほしいです。

一方、「いやいや、ムリムリ」と、この項目をあきれ顔で読んでいる方も多いはずです。前述の著書も読むまでもなく、「だって、ホリエモンだもの」と感じた方もいることでしょう。

確かに、堀江氏を筆頭に貯めない派を何人か知っていますが、その能力やメンタルには目を見張るものがあります。ちょっと動いただけで（ちょっと動いただけに見える……）どんどんお金を生み出しますし、たとえ失敗してもすぐ復活し、再び力強く稼げそうな人物ばかりです。また、いわゆる「お金持ち」の家に生まれ、親や祖父母のお金で一発解決できる人だっています。こうした環境だって立派な才能です。

私も含め、こうした才能もメンタルも環境も全く備わっていない人は、貯めない勇気などなかなか持てるものではありません。貯めない派として多少踏ん張っても、年齢を重ねて不安になったり、パートナーに強いられて結局貯める羽目になることもよくあります。

そうです。**よほどの覚悟がない限り、貯めない派として生きていくのも難しい**のです。

それなら、それなりに貯められる生き方を整えるのが賢明です。貯めない勇気もないなら、**できるだけ「楽に」「中途半端に」貯めていきましょう。**

基礎知識編・銀行の種類

皆様は日本にある「銀行の違い」を知っていますか。有名だけれど、すでに実体のない呼称もあります。「貯める」について考える前に、簡単に説明しておきますね。

・日本銀行

各国には中央銀行があり、日本の中央銀行が日本銀行です。役割は、政府のお金を預かり管理する「政府の銀行」であり、銀行にお金を貸したり預かったりする「銀行の銀行」であり、紙幣や貨幣を発行する「発券銀行」でもあります。「金利」を調整する目的などでお金の供給量を操作する「金融政策」も行います。

・都市銀行

銀行の中でも、大都市に本店を持ち全国的に展開する超大手銀行で、現在はみずほ銀行、三菱ＵＦＪ銀行、三井住友銀行、りそな銀行、埼玉りそな銀行の5行のみ。明確な定義はないものの「メガバンク」とほぼ同じ意味合いで使われています。全国規模の大手銀行であっても、歴史的背景からゆうちょ銀行、新生銀行、あおぞら銀行、ネット銀行は都市銀行ともメガバンクともいわれません。だからといって、次に解説する地方銀行でもありません。生活する上で、都市銀行とかメガバンクと呼ぶ意義も必要性もないのです。もはや、不要な言葉という気がします。銀行界ではステイタスのようになっているのかもしれませんが、我々にはどうでもいい話だと思います。

・地方銀行

「全国地方銀行協会」の会員となっていて、主に都道府県内やその地域をメインとして業務を行っている銀行です。一般生活者にとっては、都市銀行と同じ役割で、法律的な区分も都市銀行と同じです。都市銀行、地方銀行と区分する理由も見つからないので、歴史的な言葉として今も残っているだけのようにも思えてきます。

・信託銀行
通常の銀行業務以外の「信託業務」も行う銀行です。信託業務とは、他者の土地、株式などさまざま財産などを預かって運用し、利益を権利のある人に渡すことです。お金以外も管理運用するのが特徴です。

・信用金庫
地方銀行よりも細かい地域に根付いた金融機関で、生活者にとっては銀行と同様の役割を果たしてくれます。銀行は株式会社ですが、信用金庫は法的には銀行ではなく、利用者がお金を預け（出資し）、営利だけでなく利用者同士で助け合う相互扶助を主な目的としています。

・信用組合など
地域間だけでなく業者間、社員・職員間の組合員で成り立っている信用組合、農協でおなじみのＪＡバンク、漁協のマリンバンクなど、銀行でなくても同様に活用できる機関はいろいろあります。機関設立の根拠となっている法律は違いますが、対象者であれば活用方法は銀行と大差ありません。

基礎知識編・預金の種類

同じく「預金の違い」についても、これだけ知っておけばひとまずＯＫ、というレベルの情報を以下に記載します。

・普通預金

いつでも預け入れができ、満期がないのでいつでも引き出しができます。自動引き落としや給与などの振込先としても指定できます。預金界のお財布というイメージです。似たものにゆうちょ銀行の通常貯金があります。つかさどる法律によって、銀行、信金などでは預金といいますが、ゆうちょ銀行、ＪＡバンクなどでは貯金と呼ぶことも特徴的です。

・定期預金

期間（満期）が定められている預金で、自動引き落としや給与振り込みには使えません。期間や引き出しに制限があるため、金利は普通預金よりも高くなります。満期になれば解約されて普通預金にお金が入る仕組みですが、そのまま定期預金として自動的に更新する仕組みもあります。長きに渡り金利の魅力は低いのですが、普通預金より引き出しにくいので、生活費と分けておきたいお金を預けるのに適しています。まとまったお金でも、毎月の自動的な積み立てなどでも申し込みできます。

・貯蓄預金

残高が一定額（基準残高）以上あると、普通預金より金利が高くなる預金です。お金の出し入れは自由にできる点は普通預金に似ていますが、自動引き落としや給与振り込みには使えません。私は、引き出すのは普通預金で、目的や時期を決めて預けてあるのは定期預金なので、貯蓄預金は一切活用していません。

これはＮＧ！「メインの貯蓄は給料の口座です」

さて、いよいよ本題です。企業の従業員向けのセミナーで、「定期預金をしている人」と挙手を求めると、かつてよりも手が挙がらなくなってきました。

職場の別な制度で貯めているのかな？　投資にお金が回るようになったのか？　なんて思いきや、すべてＮＯ！

給与の振込口座にそのまま残している方が増えているのです。そのままにしている理由をたずねると、「金利も低いからどっちでもいいかと思って」とか、「考えたこともないです」とポカンとした表情をされる若い方もいらっしゃいます。

だからといって、給与の振込口座に入れたまま……。これは「貯蓄をしている」とはいえません。たまたま使わずに済んだお金、つまり「残ったお金」であって、「貯めたお金」ではないのではありませんか？

もしも貯めるのが苦手だけど貯めたいのであれば、**給与の口座を使うのはＮＧです**。普段使うお金と混ざり合うことのない、引き出しにくい別な仕組みで貯めましょう。金利が低いので単に置き場所を変えるだけなのですが、貯蓄が苦手な人にとっては見えないことが案外効果的なのです。

分けてあると自分の確定的な貯蓄がいくらあるのか把握しやすく、ノリや勢いで使ってしまうことを未然に防ぐ効果もあります。

職場で申し込める貯蓄制度があればしっかり活用したいですね。

心身ともに健康な会社員なら「先取り貯蓄」

何もしないのに給料の振込口座のお金がどんどん増え続けるとか、お金が残って余裕がありそうなら貯蓄に回そう……なんていう発想で安定的に貯蓄を増やすのは至難の業です。この国で日々を楽しんでいれば無理だといってもいいでしょう。

ワクワクすること、美味しいこと、ハマってしまうこと、人付き合い、勉強、運動、もういつでもどこでも何でもお金がかかりますし、プロが本気で作った広告やキャッチコピーは魅力的なのでお金を使いたくなるに決まっています。

収入の範囲内でのそれらの支出は、悪いことではなく、健康な身体と素直な心を持っている証拠なので仕方がありません（マイナスを被るほどの浪費や騙《だま》されての支出は不健康なので、早期解決が必要ですが）。

つまり、貯めたいなら何かしなくてはならないのです。

その方法ですが、給料の口座からまず半自動的に貯めてから、残っているお金で暮らすようにするのが得策です。

自営業であれば入ってくる金額もタイミングもムラがあり難しい場合もあるのですが、会社員は最低賃金法で手取りゼロなどあり得ません。そんな会社員の稼ぎ方にピッタリの方法です。

これは「**先取り貯蓄**」といわれ、今さらいうのはいささか恥ずかしいと感じるほど、我々の業界では使い古された言葉なのです。でも、そんな言葉は初耳だという会社員がいる限り、地道に伝えていかなければと思っています。

あらためて、心身ともに健康だからこそ「先取り貯蓄」でお願いします。

- 手取り－支出＝貯蓄↓至難の業なので常人にはＮＧ！
- 手取り－貯蓄＝支出↓心身ともに健康な会社員はコレ！

ではここから、「先取り貯蓄」にピッタリの手段を紹介していきます。

お金の「置き場所」を変えるだけ──「天引き」「積み立て」にすぐ申し込むべし

「貯めない勇気も……ない」を読んで、まさに自分のことだと思った方は、諦めて何かしらの方法で貯めるしかありません。ここで動かないと、一生「貯めなきゃストレス」に縛られることになりますので腹をくくりましょう。

貯めまくるなんて嫌だ、と現段階で考えてしまう人もいると思いますが大丈夫です。**よほど本気を出さないかぎり激しく貯まることはありません。**

これはダイエットと似たようなものです。「無理はしたくないし……」「痩せ過ぎはちょっと……」と心配したところで、よほどのイレギュラーな事態なくして痩せ過ぎにはなりませんよね。

ゆるい積み立ては、何年か経って初めて「わっ、あの時始めておいて良かったな」と思うものなので、逆に、**激しく貯めたい人は本気を出す必要があるのです。**

さて、方法としては**「天引き」「積み立て」がキーワード。**そして非常に重要なのは「すぐに」申し込むことです。「まず家計簿を付けていくら積み立てられるか……」とか、「○○が落ち着いたら」とか、「金利が」などといっている間に数か月どころか数年、何なら10年だって経ってしまいます。

会社員なら、おすすめしたいのが「財形貯蓄」制度です。金利が低いので、給料が振り込まれる口座に入れたままでも変わらないのでは？　と思うかもしれませんが、貯めるのが苦手な人にとって、天引きによって毎月決めた額をあえて意識しにくい置き場所に移すこと、給料の口座と混ざらないようにすることは非常に効果的なのです。

会社が提携している銀行や保険会社からしか選べませんが、貯める目的であればハッキリいって商品性にも低い金利にも大差はありません。申し込み時期が年2回など決まっている金融機関もあるので、**「すぐに」始められる先を選びましょう。**

まず、財形貯蓄には3種類の入り口があります。「財形住宅」「財形年金」「一般財形」です。どの入り口を選ぶかで悩んでしまう方も多いようです。

とりあえず貯めるなら一般財形かな、と考えがちですが、利息に20・315％の税金がかかるので、**55歳未満なら非課税の可能性を秘めた「財形住宅」か「財形年金」をおすすめします。**住宅、年金という言葉が付いていますが、誰でも積み立て可能です。

・財形住宅

家を買わなくても、積み立てておいて必要な時に使うことはできますし、もしも一定の住宅を購入（一定のリフォームもＯＫ）することになった場合、付いた利息に20・315％の税金がかからない（積み立てた額が財形年金と合わせて550万円までに対して非課税）ラッキーな特典が付いています。

●財形年金

家を買わない主義ならこちらも「有り」です。必要なら使うことはできますが、60歳以降に年金として受け取るなら、付いた利息から20・315％の税金がかからない（銀行のものは積み立てた額が財形住宅と合わせて550万円までに対して非課税で、保険会社のものは385万円までに対して非課税）特典付きです。

●一般財形

一般的な預貯金に積み立てをしているのとソックリ。家を買おうが、60歳以降に受け取ろうが、いかなる理由でも利息に対し20・315％の税金がかかる点も普通の預貯金同様。でも、天引きできることは魅力で、社外で積み立てをするより金利が少し高い可能性はあります。

財形住宅と財形年金の両方を利用すると、税金がお得になり過ぎる可能性があるので、**合わせて積み立てる額が550万円を超えたら、そこからは利息に課税される**というルールがあります。とりあえず、550万円を目指して積み立ててみるのもいいですね。

大手企業などでは、ここまでお伝えしてきた**財形貯蓄制度より金利が高い貯蓄制度が整っ**

ている可能性があります。その場合、非課税特典はありませんが、「天引き」「意識しにくい置き場所」という点は共通なので、そちらを活用する方法もよいでしょう。

「貯蓄預金」では貯められません

職場に天引きできる貯蓄制度が何もない場合は、給料が振り込まれる口座から指定した日に自動的に積み立てられる「**積立定期預金**」を活用します。早急に申し込みましょう。ただし、給料日の直後に何よりも早く引き落とされるように意識して日にちを選んでください。間違えても、自分がお金を引き出しすぎて、引き落としがかからないなんていう事態は避けてください。

給料の口座から、というと必ず「貯蓄預金ならやっています」という声が上がります。貯蓄預金とは、紙の通帳であれば、通帳の裏表紙側から印字されることでおなじみのもの。普通預金同様自分でも簡単に引き出せます。同じ箱の中の隅っこにお金を置いてあるようなものです。

これでは、あえて「見えにくい」置き場所に変えること、給料の口座と混ざらないことという重要な条件を満たしません。

結局、貯蓄預金を崩し過ぎて、とても貯蓄と呼べない代物になっている人が山ほどいるのです。貯めるのが苦手な方には絶対におすすめできません。

そこで、いざ積立定期預金となるわけですが、金利がネット銀行の方がよいなどの事実は正直あります。もしもあなたが、給料口座からネット銀行口座に自動的にお金を移す設定をして、さらに自動的に積み立てられる設定を「今晩すぐにやります」というのであれば、進めていただくといいです。

でも、「ネット銀行の方が良くないですか？」などといいながら3日くらい経ってしまう人は、どんどん時が流れていくと思います。それなら、給料の口座から引き落とされてそのまま積み立てられるものを活用した方が吉。自動的にネット銀行で積立定期預金をできる環境を整えたら、そこで切り替えればいいのです。

大事なことは、無理のない金額からのスタートでいいので、一刻も早くエントリーすることです。

少しまとまったら個人向け国債などで「パッケージ効果」を狙う

既に50万円、１００万円などお金が貯まっていて、老後までとはいわないけれど今すぐ使うわけでもない……、でも投資をする勇気も知識もない、という人もいるはずです。そんな方には限りなく貯蓄気分でできる投資「個人向け国債」という手段があります。債券については講義4（投資についての講義）で解説しますが、個人向け国債は元本割れしない仕組みに商品化されているので、預金の延長気分で行って問題ありません。

まったく違う置き場所にまとまったお金をパッケージしてしまい込むイメージです。よほどのことがない限り、パッケージを破って数万円だけ取り出そうとはしません。これを私は「パッケージ効果」と呼んでおり、お金をいつのまにか使ってしまうタイプの人には有効と考えています。1万円から可能なので、自分がパッケージしてしまい込みたい金額で購入することができます。

ネット証券、郵便局・ゆうちょ銀行や街の金融機関などでも扱っています。キャッシュバックキャンペーンなどでお得がプラスされることも多いです。

固定金利の3年、5年、変動金利の10年がありますが、満期前に換金は可能です。変動10年にしておけば、今の低い金利から上昇してきたら一緒に上がってくれます。

私もネット証券で10年変動（年0・08％）を100万円購入したことがありますが、スマホですぐに手続きが完了し1000円キャッシュバックされて嬉しかったです。

保険は保険！「保険で貯蓄」は貯蓄じゃない

もしも、平成一桁時代までに契約した生命保険会社の個人年金、養老保険、終身保険を、契約の見直し（契約転換など）などせず、一切触っていないのであれば、預貯金よりもいい貯蓄である可能性もあります。

でも、それ以外は**十中八九保険商品で貯蓄はできません**。

まず、もっとも顔をしかめたくなるのは、「3年ごとに15万円受けとれる」などというオプション付きの生命保険です。単純に割り算してみましょう。

15万円÷3年÷12か月＝4166・666…円

つまり、毎月4167円の積み立てをすれば貯まるということです。

そこで保険料の内訳を見てみると、この積み立てに対し、月に4500円ずつ支払っていたりします。つまり、**元本割れ**です。

こうして保険料に内訳があっても、入院時などの給付金に対する月々の支払いに、貯蓄用のお金が混ざり合っているので気付かないのです。この内訳に気付いた人には今まで会ったことがありませんが、非常に重要な部分です。

また、内訳がなく、70歳で100万円、もしも給付金を受け取ったら差し引くなど、貯蓄の要素を感じさせるものもあります。この場合は、月々の保険料×12か月×年数（払い込み満了までの年数、終身払いなら90歳までなど）の計算をしてみましょう。トータルいくら払うのか計算できますよね。例えば7000円を55年払う場合は、次の通りです。

7000円×12か月×55年＝462万円

462万円から100万円を引けば、保険に対する支払額が362万円とわかります。さて、その保険金、給付金に対して妥当な支払額、自分として払っていいな、と思える金額でしょうか？

このように、保険に貯蓄の要素を混ぜ込まれているとどうも感覚がマヒしてしまい、自身にとって多め、高めの保険料でも払い続けてしまう傾向があります。外貨建てなどはさらにわかりにくく、為替の変動という難しさまで付いてきます。

いずれにせよ、解約するともったいないのかそれとも払い続けると無駄なのか判断しづらく、非常に解約しにくくできています。

保険商品の手数料の不明瞭さを指摘する声も増えています。この点からも、**保険と貯蓄は混ぜこぜにせず、別のものとして考える方がお得といえるでしょう。**

毎月いくらずつ貯めればいいですか?

当たり前ですが、財形でも積立定期預金でも、申し込む際に必ず毎月の積立額を書くことになります。

そこで積立額をどう決めるか。一番わかりやすいのは、この積み立てに目的や目標額があることです。例えば、次の3つの目的と目標額があるとします。

①5年後に海外旅行で40万円（旅行費）
②10年後に住宅購入の諸費用に200万円（住宅費）
③15年後に子どもの大学入学費用に150万円（教育費）

● **積立計画表**（万円）

期間（年後）	1	2	3	4	5	6	7	8	9	10	11	12	13	14	15
①旅行費	8	8	8	8	8										
②住宅費	20	20	20	20	20	20	20	20	20	20					
③教育費	10	10	10	10	10	10	10	10	10	10	10	10	10	10	10
合計	38	38	38	38	38	30	30	30	30	30	10	10	10	10	10

40万円達成（①旅行費 5年後）

200万円達成！（②住宅費 10年後）

150万円達成！（③教育費 15年後）

仮に、この３つ全てを叶えようとしたらどうすべきか、利回りゼロで単純計算すると次のようになります。
表を横に見ていくと①②③をそれぞれ年数で割っただけで、縦に見ると、３つの数字を足しただけなので、難しいことは一切していません。

この方は、５年目までは毎年38万円（＝8＋20＋10万円）ずつ積み立てる必要があります。12か月で割ると、毎月３万２０００円の積み立てとなります。月々が厳しければボーナス時を多く設定してももちろんＯＫです。

目的や目標額を決めれば、こうしておのずと答えは出てきます。**割り算と足し算をするだけです。**

「何となく貯めようかな」レベルなら平均データのちょっと上を狙うべし

そういわれても、まだ若く、「目的も目標額も何も……」という方、既に若くなくても「とりあえず、多少の貯蓄くらいは……」というフワッとした方もいらっしゃいます。

そういう方が求めてくるものは大体決まっていて、「平均は？」「他の人はどのくらい……？」「給料の何パーセントくらいやるべきか？」という数字です。

収入も家族構成も考え方も、人によって何もかもが違うのだから、そんなものは意味がないと切り捨てたいのが本音です。が、それでは行動に移せない方も多いのでこんなデータを紹介します。

年間の手取り（可処分所得）の中から年間何パーセントくらい貯蓄ができているのかというデータより、年間貯蓄額を計算し月額換算してみました。

貯めたいけどどうしても自分で決められないという方は、データを参考にしてみてください。今まで貯めておらず出遅れたと感じている方は手取りの2割を目途に積み立てていくのもいいでしょう。貯蓄額というのは平均より上の方が気持ちいいようなので、ちょっぴり上を狙ってみるのもいいですね。

気になる「他の人はどのくらい……」の平均データはいかがでしたか？　現役で働いている世代は月におおよそ3万〜5万円は貯蓄に回していそうですね。

●家計の金融行動に関する世論調査（1）

単身世帯

年代	手取り収入平均	貯蓄率	年間貯蓄額	月間貯蓄額
20歳代	217万円	18%	39.06万円	32550円
30歳代	298万円	16%	47.68万円	39733円
40歳代	310万円	13%	40.3万円	33583円
50歳代	279万円	12%	33.48万円	27900円
60歳代	227万円	8%	18.16万円	15133円

2人以上世帯

年代	手取り収入平均	貯蓄率	年間貯蓄額	月間貯蓄額
20歳代	466万円	13%	60.58万円	50483円
30歳代	527万円	13%	68.51万円	57092円
40歳代	612万円	11%	67.32万円	56100円
50歳代	720万円	10%	72万円	60000円
60歳代	473万円	8%	37.84万円	31533円

年間の手取り（可処分所得）の中から年間何パーセントくらい貯蓄ができているのかというデータより年間貯蓄額を計算し月額換算してみました。

※金融広報中央委員会「知るぽると」:「家計の金融行動に関する世論調査［単身世帯調査・二人以上世帯調査］（令和２年)」より著者試算

相談に来られる方々を見ていても、この割合や金額から逸脱していません。平均といえどもデータというのはバカにできないなと感じます。

もっともっとできそうだ！　という方は講義4で資産運用にもお金を回していただくことも検討してほしいので、可能な限りの全てを貯蓄に回さなくても結構です。

「結局みんないくら貯めているのか」は単なる楽しい余興

ここまでは、月々積み立てることに関してお伝えしてきました。積み立てを始めて少し経つと「結局みんないくら貯めているのか」が気になってくるようです。

貯める目的等も何もかも人それぞれで違いますし、よその人の貯蓄額なんて単なる楽しい余興コーナーのようなもので何の役にも立ちません！　といいたいところです。

でも、積み立てを始めたい人がスタートするきっかけになるとか、貯めるべき人が自分を奮い立たせる気持ちがわくなら意味があると思いますので、先述と同じ「知るぽると」の「家計の金融行動に関する世論調査［単身世帯調査・二人以上世帯調査］（令和2年）」よりもう1つ紹介します。

次のデータは、貯蓄ゼロの世帯を含んでおらず、何かしらの残高がある世帯のデータで、

●家計の金融行動に関する世論調査（2）

単身世帯の貯蓄額

年代	平均（万円）	中央値（万円）
20歳代	203	81
30歳代	484	206
40歳代	1066	400
50歳代	1601	622
60歳代	1872	860

2人以上世帯の貯蓄額

年代	平均（万円）	中央値（万円）
20歳代	350	235
30歳代	644	423
40歳代	1177	686
50歳代	1955	1000
60歳代	2154	1465

※金融広報中央委員会「知るぽると」:「家計の金融行動に関する世論調査［単身世帯調査・二人以上世帯調査］（令和2年）」より

単身世帯と二人以上世帯に分けてあります。

「平均」も気になるところかと思いますが、**「中央値」**もある意味リアルです。平均だと、とんでもない額の貯金を持つ人が数値を引き上げてしまい、実際には平均の貯蓄額の人なんてほとんどいないという可能性もありますが、中央値とはデータを大きい順に並べてど真ん中に位置する人の現実の貯蓄額ということになります。

ちなみに、二人以上世帯の方が金額が多いのは、世帯年収が高いこと、貯めるべき理由や目的があること、お小遣い制で一方が厳しく締め付けられていることなどが考えられます。

さて、せっかくデータを紹介しましたので、プラスの発想や行動に結び付けるとか、家族や仲間との話のネタにしてお金について考えてみるなど、活用してもらえたらと思います。

貯蓄ゼロ世帯はお得を逃し、ゆとり世帯は肥えていく

講義２のここまでは、「貯める」ことを前提に進めてきました。ご紹介した貯蓄額のデータも何かしらの残高を持っている世帯の平均や中央値です。

しかし、**全く貯めていない世帯が約３割**というのも報道でしばしば話題に上ります。左のデータでわかるように世代別にみると単身で若いほど顕著です。

どのような理由で「貯蓄ゼロ」なのかはわかりませんが、この中には収支がギリギリの暮らしの方がかなり含まれていると思います。

本来であれば、ギリギリの暮らしの方々こそ、本を読むなどお金の情報を収集して、稼ぐ、貯める、増やす、削る工夫を最大限していただきたいところです。でも、簡単な手続きで手に入れることができるお得すら取りこ

●「貯蓄ゼロ」の世帯の割合

年代	単身世帯	２人以上世帯
20歳代	43.2％	16.0％
30歳代	31.1％	8.2％
40歳代	35.5％	13.5％
50歳代	41.0％	13.3％
60歳代	29.4％	18.3％

※金融広報中央委員会「知るぽると」:「家計の金融行動に関する世論調査［単身世帯調査・二人以上世帯調査］（令和２年）」より

ぼしたりしている印象があります。

例えば、ＳＮＳなどでいつも金欠を嘆いている人が、お得な制度などは眼中になく、政府の施策であるポイントや給付金すら知らなかったり、面倒くさいと諦めてしまった例も見聞きしています。

一方、世の中には老後資金を貯めなくても入ってくるお金の範囲で生きていける人も山ほどいます。会社員で収入の範囲内で暮らし、退職金を受け取った後も数年働き、老後は年金に親の遺産が多少プラスされるような人は多いはずです。

でも、このような層が、退職金や親の遺産などを見込まないことを善と考えせっせと貯めているのです。衣食住はもちろん全てにおいて贅沢をせず、世のお得な制度も取りこぼしません。

こういった**貯蓄のミスマッチにより、日本の家計格差は今後さらに拡大**するのでしょう。

本書を読んでくださった方の中には、自分は貯める必要がありこのままではいけないと気付き、かつ、貯めなくても大丈夫な人が多くいる事実を初めて知った人もいるはずです。そういった現実をできるだけ早く知ることはとてもラッキーです。少なくとも残りの人生で今日が一番若い日なので、**お金の知識と情報を習得し、すぐに行動に移してください。**

現役で働いているうちは稼ぎながら乗り切ることも可能ですが、老後は健康状態や仕事の有無を考えると、稼ぎながら切り抜けられるかはわかりません。だからそれまでの蓄えで老後資金に差が付くのです。そこをどうするかについては後の講義でお伝えしていきます。

講義3

手取りで「備える」

会社員はピンチこそお得

「もしも」の時に発揮される「天引き」の威力

講義1では、給料から天引きされる「税金や社会保険料」について、「天引きされているんだ！」という意識を持つこと、天引きされる金額や割合の感覚を持つことが重要だとお伝えしました。

この章では、その威力を学んでいきましょう。特に「もしも」「いざ」という重要な場面で、会社員の保険や年金といった制度は、個人事業主・フリーランスの人たちより遥かに強力な点を認識してください。

あなたの社会保険料の相当な割合を会社が負担してくれているのもその1つです。保険料の全額が会社負担の制度もあります。会社員ならではの「お得」やありがたみも知っておきましょう。

病気やケガにめっぽう強い！「健康保険」「障害年金」

ここから普遍性の高い法律の大原則のみお伝えしていくので、ざっくり覚えておきましょう。細かく説明していくと本が1冊書けるほどで、さらには改正もあります。いざ必要に迫られた際は最新情報が必要ですが、大原則を知ることは、そのときのための勘所を身に付けることにつながります。

お金が不安になる出来事の1つに**病気やケガ**が挙げられます。「**収入**」と「**治療費**」の2つをカバーしなければなりません。

まず、収入です。

個人的な病気やケガであれば、病院やクリニックで健康保険証を提示します。健康保険から実際の医療費の7割が給付されるので、自分の支払いは3割で済みます。すっかり当たり前になっていて、給付を受けている感覚すらなくなってしまいます。

でも、健康保険の給付はこれだけではありません。会社員には、病気やケガで働くことができず、給料を受け取れないときの収入のかわりとなる「**傷病手当金**」があります。

会社は、働いていない日に対して、給料を払うのは苦しいですし、法律で支払う義務も一切ありません。仮に普段通りに給料を払えばせっかくの傷病手当金がナシになるので、払わないのはごく自然です。

傷病手当金とは、働けない4日目（連続3日間休んだ後の4日目）から1年6か月、**およそ日割り給料の3分の2ほど**が給付されます。

大手企業の健康保険組合などでは、付加給付が上乗せされるところもあり、給料の約8割が補塡されるケースも珍しくはありません。

給料の3分の2程度とはいえ、1年6か月もの権利なので安心感があります。また、傷病手当金は原則個人事業主・フリーランスにはないので、**会社員の特権**といえるでしょう。

働くことができない状態が1年6か月後も続いていれば、重い状況と考えられます。その場合、**障害年金**（**障害基礎年金＋障害厚生年金**）を受給できる可能性も出てきます。

障害年金は、原則その病気やケガで初めて診察を受けた日から1年6か月経ったときに認定されます（早い段階で状況が固定すれば、その前に認定されることもあります）。

年金というと老後が思い浮かびますが、一定要件を満たす障害状態の場合は老後を待たずに受け取り始めることができます。

会社員なら通常厚生年金に入っているでしょうから、障害等級3級で障害厚生年金、1、2級の重度障害の場合は障害基礎年金と障害厚生年金と併せて受け取れる権利があり、個人事業主・フリーランスよりも手厚いのは間違いありません。

次に治療費です。

病院に払うのは医療費の3割といえども、治療内容や期間によっては支払いが心配になります。でも、その月に対しての支払いが一定額で頭打ちとなる「高額療養費」という給付があります。これは会社員でなくても受けることができる素晴らしい給付の1つです。

一般的な会社員（年収約370万〜約770万円）であれば、医療費がかさむことがあっても月8万〜10万円程度の自腹で済み、残りはすべて健康保険から給付されます。仮にその月に50万円の医療費がかかったとしても、支払いは10万円を切ります。

収入が高い低いに応じて計算式が変わるので、その都度自腹の金額も違ってきますが、年収が上がっても（年収約770万〜約1160万円）50万円の医療費に対し18万円を切る負担額です。青天井にはならない仕組みになっています。

注意点は、月ごとに計算するので、月をまたぐ場合はそれぞれの月で基準に達しない場合があること、保険外の先進医療などは対象にならないことです。

〈問い合わせ先〉

- 健康保険：全国健康保険協会の各地域の支部、自身が加入している健康保険組合
- 障害年金：日本年金機構の各地域の年金事務所

「労災認定」を確実に手に入れるための常識

クリニックや病院に行くと、当然のように保険証を提示します。この保険証はあくまで個人的な病気やケガで「健康保険」を使う際のものです。

病気やケガの原因が業務や通勤だったと認められた場合は、健康保険ではなく「労災保険」の対象となります。労災には**業務災害と通勤災害**があります。

労災認定となるポイントは、次の2点をいずれも満たすことです。

- 業務起因性

業務とケガや病気に因果関係がある必要があります。

- 業務遂行性

労働契約に基づき、事業主の支配管理下で発生したことが重要です。ケガの場合は業務中であることがポイントになり、病気の場合は業務に存在する有害因子を受けて引き起こされたものなども含みます。

労災手続きの際役立つのが事故や症状に関する日時や状況のメモです。事故があった場合、体調に心配がある場合はメモをしておくことをおすすめします。

腰痛、うつ病、脳梗塞、心筋梗塞などは個人的な要因もあり得るため、あっさり労災認定とはいきませんが、長時間労働、パワハラ、様々な角度から業務起因性と業務遂行性が認められるケースも増えています。

テレワーク・リモートワーク中であっても、会社の仕事をしている最中に業務を原因としたケガを負った場合は対象になります。例えば、会社のプレゼンで使う厚紙の見本品を組み立てていてカッターナイフで指を切ってしまったなどです。でも、ランチを作っていて指を切ってしまった場合、階段で転んだ場合などは業務に起因するとはみなせないでしょうね。その場合は対象外です。

通勤災害は、**「合理的な経路と方法」**で通勤した場合が対象とされています。多くの方が、会社に通勤手段や交通費を届け出ていると思いますが、その「経路と方法」が鍵となります。

かつて、「友達の家に泊まって徒歩で出勤したといったら、なぜか会社にダメといわれました。遅刻もしないで会社に行ったのに！」という方がいらっしゃいましたが、正直さや遅刻をしないことは認定のポイントではありません。

会社の支店間の往復など業務に関する移動も対象になります。ただし、**テレワーク・リモ**

ートワークなどで、会社の指示もないのにカフェやレンタルオフィスで仕事をした場合は難しいでしょう。

注意が必要なのは、本来の経路から外れるときです。例えば帰り道に飲み会に出かけたら、その時点で終了です。でも、途中でスーパーに立ち寄り晩ご飯の食材やお惣菜を買うとか、髪をサササッとカットして元の経路に戻った場合は違います。元の経路に戻ってから帰宅する途中で転んでケガをした場合などは対象になり得ます。

これは、「日常生活上必要な行為」と認められるかがポイントとなります。「飲み会で2時間滞在した後に……」といった瞬間アウトになるのもおわかりいただけたと思います。ササッとヘアカットはOKでも、エクステといえばNGになりそうですね。

労災と認定されるまでに少し時間がかかることが多いのですが、認定された場合は、医療費のすべてが支払われることになります（通勤災害の場合は200円の自己負担があります）。

これを労災保険の「療養補償給付」といいます。

健康保険なら3割が自身の負担ですから、**労災保険の方がパワフルな保障が受けられます。**

これは、労災は「会社の責任」という意味合いが強いからです。

保険料に関しても健康保険は給料やボーナスから引かれますが、労災保険の保険料は全て会社持ちです。

もしも、仕事中や通勤中にけがをしたり、病気の原因は仕事かも……と思ったら、受け付けの際にうっかり保険証を出さず、労災の可能性を伝えておきましょう。病院等で労災の書類を用意しているところもありますし、会社でも用意してもらえます。

「ちょっとしたケガなので会社にいいづらい」「会社は嫌がりますよね」などという人がいますが、会社が医療費等を払うわけではありませんし、せっかく会社員の権利として持っているので気にする必要はありません。皆さんが謙遜しがちなちょっとしたケガこそ、責任の所在で揉《も》めることにもなりにくいので心配ご無用です。

大きな事故や病気であれば、会社側の設備や労働時間など管理責任などが発生することがありますが、それは従業員側が考えることではないので、堂々と進めましょう。

労災の給付は病院への支払いが発生しなくなるだけでなく、療養のために働けず、賃金を受け取っていないなどの要件を満たせば、4日目から平均的な1日の賃金の8割ほどが「休業補償給付」+「休業特別支給金」として支払われます。

業務内容と状況によっては、新型コロナウイルス感染症の労災認定も認められています。こちらも通常の業務災害認定の考え方と同様です。例えば、感染者の集団が認められた病院で患者さんに接する業務をしていた場合、病院の外で感染したことが明らかでない限り労災の認定が受けられるでしょう。

指定感染症の場合、労災認定の有無にかかわらず医療費の心配は不要ですが、収入の補償についても労災保険の「休業補償給付」＋「休業特別支給金」があることは非常に安心感が大きいですね。

最悪のケースですが、障害を負った場合や亡くなった場合の補償も細やかに整えられています。

労災保険は、正社員である必要はなく、パートでも1日限りの短期アルバイトでも対象になります。一方、まるで正社員のように会社に出入りし、その会社の仕事のみを専属で長年担当し、名刺まで持っていても、**フリーランス・個人事業主は対象外**です。

Uber Eatsの配達員の事故の問題がありました。まさに会社の看板を背負っているのですが、アルバイトではなく個人事業主なので対象外です。

現在、フリーランスなども組合を作ってもしもの時の仕組みを整えようとする動きも見られますが、資金面でも心細いことは想像できますし、労災保険とは別物です。

自分の契約内容が「雇用」なのか「業務委託」など雇用契約以外なのか、つまり、あなたの働く会社が労災保険料を納めている対象か否かが問題です。

収入？　お祝い？　けっこうすごい「失業保険」

毎月の給料からは雇用保険料が差し引かれています。「この仕事は本業ですね。この仕事を失ったら生活に支障をきたしますね」と判断されるようなケースが対象なので、週20時間程度でも長期（31日間以上働く見込み）の契約で働けば、パートでもアルバイトでも被保険者となります。

雇用保険の給付で代表的なものが、失業保険という呼び名で定着している「基本手当」です。解雇など会社の都合で辞める場合はもちろん、他社に転職しようと思っている場合でも、雇用保険に入っていた期間（過去2年間に12か月は雇用保険に入っているなど）などが条件に当てはまれば受け取れる可能性があります。法改正やコロナ等の特別な取り扱いなど、何かの偶然で受け取れるかもしれないので、ここからお伝えする基本原則を覚えておきましょう。

まず金額ですが、平均的な会社員の基本手当（月額換算）は、給料よりは少ないものの、給料の半分超を最低3か月受け取ることができます。長く働いていた人、就職が難しいと判断されるケースなどであれば4か月、半年以上受け取れるケースもあり、定期的な収入としてかなり強力です。家族の収入もある方からは、「こんなに長い期間もらっていいの？　何だか悪いような気がする……」という声を聞いたこともあるほどです。

〈平均的な基本手当の月額換算額〉（60歳未満）
- 平均給与月額15万円→月額11万円程度
- 平均給与月額20万円→月額13・5万円程度
- 平均給与月額30万円→月額16・5万円程度

ただし、生活費に充てるための収入と考える場合の注意点は、会社を辞めた直後に受け取ることはできない点です。「会社都合の場合はすぐにもらえる！」と聞いたことがある人は多いかと思いますが、それでもさまざまな手順を経て、初回の振り込みは会社を辞めた日から約2か月近くかかることもあります。**自己都合で辞めた場合は、4か月前後はかかるという覚悟が必要です。**

しかも、初回はフルの金額を受け取れないケースが多いので、給料の半分以下と思っておいたほうが無難です。

基本手当の威力はすごいと思いますが、「つなぎ資金」として、預貯金か家族の助けは必要です。2回目の振り込みは約4週間後で、初めてフルの金額になり、以降4週間ごとに振り込まれます。

手続きですが、まず、辞めることが決まったら、会社に「**離職票**」をできるだけ早くほしいと依頼します。辞めた後に会社に出向くか郵送で離職票を受け取り、ハローワークに持参してください。説明や日程の案内があるので指示通りに動きましょう。

その前に知っておくべきことは「**失業している」ことの定義**です。失業していないとお金を受けとれないので、この定義は非常に重要なのですが、多くの方が勘違いをしています。

まず、「仕事をしていない」だけでは失業とはいえません。「仕事を探している」ことと、「すぐに仕事につくことができる」ことも併せて満たす必要があります。

つまり、実際に仕事を探していない人や病気やケガですぐに仕事につけない人は失業の定義を満たしません。もしも、病気やケガ、理由はないけどちょっと休んでから仕事を探したいなど、すぐには仕事を探さない場合、ハローワークに「受給期間の延長申請」手続きの相談をしてみましょう。その後の仕事を探し始めるタイミングによっては給付対象になる可能性が出てきます。

既に次の仕事が決まっている人、起業しようと準備をしている人が、新しい仕事が始まるまでの期間に失業者のふりをして基本手当を受け取る行為も「不正受給」となり処罰の対象です。

ただし、失業していた人が、「やっぱりフリーでやってみようと思いました」「就職が決まりました」という場合は、すぐに正直に伝えましょう。約4週間毎の基本手当は終わりますが、**「再就職手当」**として規定の一時金を受け取れる可能性があります。ちょっとした「お祝い」をもらえたような気分になれる給付です。

再就職手当のもっとも重要な要件は、本来基本手当をもらえたであろう日数の3分の1以上の日数を残して、安定した職業に就いたと判断されることです。残日数がわずかに足りないと少し悔しい気分になるようです。

金額は、さすがに残っている分の全てを受け取ることはできませんが、早めに次の仕事が決まり3分の2以上の日数が残っている場合は残りの70%、3分の1以上の日数が残っている場合は残りの60%を受け取ることができます。

コロナ問題で厳しい状況の企業も増えており、退職勧奨、解雇、テレワークの普及によるフリーランス化（起業）推進などがじりじり増えていく可能性があります。その際の助けになる会社員の給付として、ここで紹介した「基本手当」「再就職手当」の基本事項は最低限覚えておきましょう。

講義4

手取りを「増やす」

生活に投資を組み込む

ここまで会社員の制度の基礎知識をお伝えしてきました。かなり知識が付き自信もわいてきたのではないでしょうか？

次なるステップとして、自分の手取りを社会に参加させて「増やす」ことも考えていきましょう。

増やすといっても、不労所得やゴージャスな暮らしを目指す投資ではなく、会社員がさりげなくできるような**地味で地道な資産運用**について解説していきます。そもそも株式、債券、不動産に投資をしてなぜ収益が生まれるのかなど、**基本の仕組みや、始めるキッカケにしやすい税金面でのお得な制度**を学んでいきましょう。「投資の話はいいや」という人がいるのですが、今学ばなくても今を生きる会社員はどこかで遭遇するので、この際お付き合いくださいませ。損はないはずです。

「おすすめ商品」のウソ

「投資」というと、よくこんな質問を受けます。「〇〇万円あるんですが、何に投資をしたらいいですか？」。

相談客だけでなく、友人、知人、親戚問わずとにかく聞かれます。

気持ちはよくわかりますし、本書でも参考になる情報は記載しますが、この質問に即答することはありません。人によって、持っているお金も家族の人数も、考え方も理解度も何もかも違うためです。また、先のことは誰にもわからないので、値動きする商品の未来は絶対にわかりません。**投資に関するおすすめ商品なり儲かる商品など、回答できるはずがないのです。**

この類の質問に即答するのは、金融商品を販売する人か詐欺の可能性が高いので、冷静に、いや、従わないでほしいです。基本を学んだ後は、今やＰＣやスマホを使える人なら商品の情報は自分で取りに行くことができます。勧められた時点で商品そのものや手数料に疑問を持つべきです。

本書では、主に投資未経験の方に、**暮らしに「投資」を組み込み、何十年もかけて手取りを「増やす」ことを目指す**、そのための基本的な考え方や方法をお伝えしていきます。

「ハマりそう！」「もっと知りたい」など興味がわいたら、次のレベルの投資・資産運用の本や、この分野で盛んなブログやツイッターを読みながら、ステップアップを図ることをおすすめします。

ＦＸについてはかなりハードルが高いと考えてください。**現時点で見たことも聞いたこともないという方は、一生それで構いません。**あまり勉強しないで挑戦するのであれば、投資というよりギャンブルをやるくらいの覚悟で臨む必要があります。

会社員人生のどこかで出くわす「投資信託」――出会う前に知っておくべきこと

株式投資はしなくても、今の時代に会社員として働いていると、ほとんどの人が遅かれ早かれどこかのタイミングで「投資信託」と出くわすことになるでしょう。

例えば、退職金制度の中に自分で**投資信託を選んで積み立てていくことができる「確定拠出年金」という制度**が導入されたり、スマホの広告や社内で申し込める制度で、**投資信託を選ぶことができる制度「ＮＩＳＡ」**が目に入ってきたりします。

同僚や友人との話題に上ったり、家族に投資信託商品の検討を持ち掛けられることもあるかもしれません。

そして、大半の会社員にとって人生最大の銀行口座残高を記録する退職金受け取りのとき、誰もがそのままでいいのか考えてしまいます。金利が低いので無理もありません。

そこで、金融機関に勧められたり、資産運用セミナーに参加するなどして、投資信託と出会ってしまうのです。

今、非常に多いのが、ずっと投資を避けて生きてきた人までもが、退職金を活用し、生まれて初めて投資信託を購入する事例です。しかも、数百万から数千万円という大きな金額です。さらに、どんな商品なのかをあまりにも理解していないのです。どうやら、投資の知識や情報元は、**担当者の話と勧められた1つか2つの商品パンフレットのみ**。パンフレットを熟読したとしても、宣伝広告用も兼ねているので、フラットな知識は身に付かないと思いませんか？

そんな投資信託ですが、うまく付き合っていけば、忙しい会社員にもピッタリの仕組みです。私は会社員ではありませんが、自分の資産運用でいちばん活用しているのは投資信託です。

そこで、お金を出す前に最低限知っておきたいのが**「株式」「債券」「リート（REIT）」**というもので投資をする仕組みです。投資信託は、結局のところ株式や債券やリートに間接的に投資をすることになるので、実はこれらを理解することが始めるための前提ともいえるのです。

ここから、株式、債券、リートについて、できるだけ簡単なことばでお伝えしていきます。

株式投資は出資?!　応援?!

例えば学生や後輩に「株って何？」と聞かれたら、会社員として、大人として説明できる程度には理解しておきたいですよね。皆さんがご自身よりも若い後輩に口頭で説明できることをイメージしながら、まずは**株式投資**を解説していきます。

株式投資とは、株式会社にお金を出してあげることから始まります。株を買うとは出資することなのです。

株式会社はお金がないとやっていけないので、出資してくれた人たち（株主）は応援団のような大事な存在です。つまり、株を買うとは、その会社を応援することといえます。

出資の証として、昔は紙の株券が発行されました。今はペーパーレス化されているので、見えるものとしては、インターネット上の数字だけです。

応援したいならどこの株でも簡単に買えるわけではなく、みんなが買うことができるように売られている会社の中から選びます。それらの会社を「上場企業《じょうじょうきぎょう》」といいますが、上場という文字からも「市場《いちば》に上がる」、売り買いされていることがイメージできます。

株の市場《いちば》には、有名な東京証券取引所などいろいろあります。

需給などから、その瞬間のお値段が決まります。これが**株価**です。その会社のいいニュースなどがあれば需要が高くなり株価が上がったり、逆であれば下がったり、いつも値動きしています。

株式投資でお金が増えるのはなぜ？

では、出資したお金が増える仕組みを解説します。

会社の株を100万円買って株主になったとします。その時点では、会社から「いくらもらえますよ」というような約束事は一切ありません。その後、会社の締めである決算の日がきます。

そこで、「うちの会社、今年はかなり儲かりました！」という状況だったとします。会社が儲かったのは誰のおかげかを考えてみてください。一生懸命働いた従業員のおかげでもあり、お客さんのおかげでもあり、そして、お金がないと会社をやっていけないので出資してくれた株主さんたちのおかげでもあります。そこで、株主さんへお金が渡されることがあります。これを「**配当**」といいます。例えば、100万円出した株主に3万円の配当なら、配当利回り3％です。

何の約束事もないので、会社の業績によって、多いときも少ないときも、ゼロのこともあります。でも「株主さん、業績が厳しいので少しお金をください」ということはないので、**配当というのは、プラスまたは最悪でもゼロです。**

株式投資は、株価が下がったら損！　ギャンブルみたい、などと思っている人がいらっしゃいますが、手放さず（売却せず）に持っている間は、その株が配当を生み出すか否かの問題で、直接的に株価の値動きの影響を受けませんよね。

満期もないので、「あの100万円をどうにかしよう！」と思ったときは、売ることができます。そこで、**出資した（株を買った）ときよりも株価が高ければ儲かるし、低ければ損をする**ことになります。株価は需給によって朝から夕方まで忙しく動き続けるので、その夕イミングによって損も得もあり得ます。デイトレーダーと呼ばれる人たちは、この差がプラスになるときに売却できるように動きを見ながら頻繁に売り買いしています。

さて、ここで初めて、株価の直接的な影響が出ましたね。

株式投資でお金が入ってくるかどうかは、**保有中に配当があるかどうか、手放すときに株価が上がっているか**で決まるということです（入ってくる配当をインカムゲイン、手放すときに投資額より増えた分をキャピタルゲインといいます）。

株式投資でお金が増えたり減ったりする基本的な仕組みを紹介しましたが、「あれ？　自転車に乗った桐谷さんでおなじみの株主優待はどこ？」と思った方がいるかもしれません。これは、株式投資の仕組み外のものなのでお伝えしていません。会社が株主優待を行う必要は一切ありませんし、個人的には、もらうことよりも買うことが好きなので、株主優待よりも配当（お金）が嬉しいですね。でも、株式投資が身近に感じられるなどの効果はあると思いますし、趣味として楽しいと感じる人もいるようです。最新情報が重要なので、興味があればインターネットでチェックしてください。

日経平均株価ってなに？

投資をするなら当然知っておきたい言葉に「日経平均株価」があります。

投資をするしないにかかわらず、ニュースで毎日のように登場しますし、「日経平均株価ってなんですか？」と後輩に聞かれて答えられないのはなぜかちょっぴり恥ずかしくなるような「社会人言葉」ではないでしょうか。

苦笑いを浮かべている読者の方も大丈夫です。ベテラン会社員などのプライドを傷付けないよう気遣いながら、調査のためにあちこちで探りを入れて15年ほどになりますが、何の平均株価なのか、何銘柄（何社）の平均なのか、わかっている会社員は非常に少ないです。上場企業に勤めていようが変わりありません。

ここから、私流のカンタン解説をしていきます。日経平均株価の意味を知らなかったという方は、後述する投資信託にも関係してきますので、とりあえず、このレベルでも知っておきましょう。既に完璧の方は、自分なら若い後輩に聞かれたらどう解説するか、こんな解説もあるんだな、など考えながら流し読みしてください。

さて、お魚に市場があるように、株にも市場があります。日本でもっとも活発な株の売り買いが行われる市場を**東京証券取引所**（**一部**）といいます。略して東証一部です（一部、二部、ジャスダック、マザーズは2022年4月から再編成され、プライム、スタンダード、グロースとなります）。

現在東証一部ではたくさんの会社の株が売り買いされているわけですが、その会社の中で、「日本を代表するような会社だなぁ」というところを日本経済新聞社が225社選びます。基準は、活発な売り買いが行われていて値動きが安定していることが重要で、その上業種のバランスも偏らないように配慮され、原則毎年10月初めに見直しされています。スポーツ選手のようではありませんか？　活躍実績と安定性で選び、ポジションが偏らないように代表メンバーを決めるイメージと私は解釈しています。

その225社（225銘柄）の株価の平均が日経平均株価です（平均の計算方法は少し特殊なので、本書では割愛します）。ですから、別名「日経225」という呼び方もあります。単に「225」というのも日経平均株価のことをいっています。

ちなみに、TOPIX（東証株価指数）もよく聞きますよね。同じく東京証券取引所（一部）のお話なのですが、こちらは売り買いされている2000社を超える全ての銘柄で構成されている数字です。株価ではないので、TOPIXの数字に「円」という単位は付きません。過去の日本全体の株価の動きなどをグラフで示す際には、こちらの数字がよく使われています。

「債券投資」はお金を貸してあげること

株式投資と並んで代表的かつ伝統的な投資手段に**債券投資**があります。ここからは、基本的な債券（利付債）を理解していきましょう。最近は株式よりも債券の方がマイナーで内容も理解されていない印象があります。

株式は「出資をする」なので、お金を出しただけで何の約束事もありませんが、債券は

「貸す」なので、さまざまな約束事があります。

ご自身が預け先をお悩み中の100万円を持っているとします。銀行に預けると、10年満期の定期預金の金利が年0・1%とします。

一方、100万円のお金が必要な会社があったとします。銀行に融資をお願いしたら10年の返済で年2%とします。

さて、100万円を持っている人と100万円を必要とする会社がそろいました。だったら、この2者で年1%の貸し借りをすればどうでしょう?

1%なら、貸す側は銀行に預ける0・1%よりもずっと嬉しいですし、借りる側も銀行から2%で借りるよりもずっと助かります。

実は、この貸し借りの間に入っているのが銀行で、この金利の差は銀行の儲けに繋がるのです。銀行を通す方法を「**間接金融**」というのに対し、直接貸す方法を「**直接金融**」といいます。債券投資も立派な金融の仕組みなのです(株式投資も直接金融です)。

では、皆さんは100万円貸すとしたら、借用証書に絶対に書いておいてほしい約束事はなんでしょう。それは次の3点だと思います。

・いくら貸したのか（額面金額といいます）
・金利は何％なのか（利息＝クーポンといいます）
・いつ返してくれるのか（償還日、償還期限といいます）

この3つの約束事が書かれた借用証書のことを債券といいます。今はペーパーレスですが、かつてはリアルに紙で、利息の部分にはミシン目が付いていたそうです。確かに、債券の「券」の字はいかにも紙という感じがしますし、ミシン目でちぎるとはまさにクーポン券です。

クーポンをちぎって渡し、1％なので年に1万円の利息（実際には年に2回に分けてもらうのが一般的）をもらう、これを10年受け取って、約束の日（10年後）に100万円返してもらう。こう考えると難しくないですね。

もうお気付きかと思いますが、債券は貸し借りの約束事ですから、相手方が破綻しなければ利息をもらえますし、貸したお金は返ってきます。

債券は、貸す相手が国なら「国債」といいます。講義2で貯める手段として紹介した「個人向け国債」は国債を一般消費者でも買いやすいようにアレンジしたものです。〇〇県債、

● クーポン券のイメージ

〇〇区債、〇〇市債もあり、これらは「地方債」です。親しみやすい愛称を付けて募集しているところもあり、国債よりも利息が多めなので人気があります。かつて、東京都足立区では「走れ！あだち債」がありました。北海道札幌市では「ライラック債」「スズラン債」と地域に咲く花の名前を付けており、役所らしいと感じます。ご自身にゆかりのある地域の債券はどうですか？民間の会社なら「社債」です。

これら債券の募集時期や条件は、オフィシャルサイトや金融機関から公表されます。**利息は預金より魅力的**なので、債券投資に挑戦してみるのもありですね。

こんな具体的な質問を受けたことがあります。「郵便受けに証券会社のチラシが入っていて、ソフトバンクの株を買わないかと書いてありました。〇%だそうです」。これは、株ではなくて債券ですね。株には〇%という約束事はありません。

勘違いしている方、そもそも債券を理解していない方が多いので、以前「ソフトバンクに100万円貸してみた」という動画を作ってYouTubeにアップしました。よろしければご覧ください。

債券投資で損をすることがあるのはなぜ?

ここまで解説してきた債券の仕組みから、「債券は株式投資のように朝から晩まで動いている株価にハラハラする必要はないな。しかも、貸したお金は返ってくるから相手選びだけしっかりやろう!」と感じているはずです。

ズバリその通りです! では、もう一歩踏み込んで考えてみてください。約束の償還日よりも前にどうしてもお金が必要になったらどうしますか?

借用証書のやりとりをしているので、貸した相手に「今お金が必要なので早く返して!」は通用しません。

そんなときは、**債券を売ればいいのです**。債券にも市場があり、売り買いが行われています。通常、債券は途中で手放すことができるのです。

では、イメージしてください。前述の例、100万円年利1%10年償還の債券を持っている人が、7年経ってお金が必要になり債券を手放したいと思いました。クーポンはあと3万円分（3枚）残っていて、あと3年待てば貸した相手から100万円が返ってくるという債券です。

債券市場で「誰か買って！」といったとき、同じ債券が0・5%で売られて（募集して）いたら、「あなた1%の持ってるの？　いいね！　101万円で買うよ！」となるわけです。新規で売られている0・5%の債券より利息が2倍なので魅力的だからです。

償還日まで待つより、途中に101万円でも現金化したい場合は助かりますよね。お金を貸した相手も困りませんし、途中で売った人もラッキーで、買った人もハッピーです。

この話をまとめると、**金利が下がったら債券の価値（債券価格）は上がる**ということです。

では、もしも、債券市場で「誰か買って！」と言ったとき、同じ債券が2%で売られて（募集して）いたらどうでしょう？

「はぁ？　世の中では2%ですよ！　あなたの1%の債券なんていりません」となるわけです。新規で売られている2%の債券の方が魅力的ですよね。

それでも売りたかったら、ディスカウントです。「95万円ならどうですか？」といえば、「お！　それなら3年待てば100万円返ってくる債券だからいいね！　買う！」という人が現れそうですよね。

満期まで待って100万円返してもらうより、途中で95万円でもいいから売れた方が助かる状況もありそうです。

こうして、債券も金利によって価値が上がったり下がったりしています。株式ほどではないものの、預金よりも値動きすることがわかりますよね。

少しのお金で不動産へ投資ができるリートの仕組み

「宝くじでも当たればマンションでも買って、遺してあげたいね。そしたら、あなたも楽できるのに。うちはお金ないから無理だけど」。宝くじの華やかなテレビCMなどを見ると、私の母親はこんなことをいいます。

戦前生まれの母にとっての投資の解釈は、株は賭け事のようで無縁のもの、債券は国債しか知らないようですが、かつて郵便局で個人向け国債を買ったことがあり、ちょっといい預金みたいなもの、そして、住む以外の不動産は「家賃収入は最高だけど、庶民には無理」と思っているようです。

今は、不動産を1部屋、1棟など購入して家賃収入をもらう方法でなくても、不動産に投資する仕組みがあります。それをリート（REIT）といいます。日本では2001年からリートに投資ができるようになりました。元々アメリカの仕組みですが、日本ではJAPANの「J」を付けて「J－REIT」と呼ばれています。

全国的に有名な建物「六本木ヒルズ」を思い浮かべてください。六本木ヒルズといえば、イコール「森ビル」と連想する人が多いはずです。森ビル一族の関連会社に「森トラスト総合リート投資法人」という会社があります。「株式会社」と付いておらず「リート投資法人」と付いていますね。

こういった会社や組織に投資することを「J－REITに投資をする」といいます。J－REITといえば、仕組みのことも指しますが、これらの組織（不動産投資法人）のことも指します。日本には現在60を超えるJ－REITが存在しています。

リートの運営の仕組みを紹介します。リートの会社（不動産投資法人）は、金融機関から融資を受けたり、投資家から出資してもらい、それらのお金でビルや商業施設などの建物を購入します。

その建物に会社やお店が入居すると家賃が入ってきます。

その家賃を元に金融機関に返済したり投資家に「配当」として還元したりします。

J－REITの場合、利益の90％超を配当として還元すれば、会社は税金（法人税）が免除になるというルールがあるので、90％なんてほとんど利益の全部みたいなものですから、投資家としては株式投資よりも安定的な配当を受け取れそうな気がしてきます。

また、配当の根源は主に家賃なので、例に挙げた私の母親のように「家賃は最高」という考え方からすれば、株式投資よりも比較的安定的に配当が入ってきそうな気がしてきます。

私たちが投資をする仕組みとしては、リートといえども会社は会社なので株式投資とソックリです。

ちなみに、スマホでもポチッと投資できるのですが、使うサイトもやり方も株式投資とまったく同じです。

出資して配当を受け取り続けることもできるし、市場で売却することもできます。これも仕組みとしては株式投資と同じで、単位も1株2株といいます。

投資はカッコよくて気持ちいいアクション

ここまでは株式、債券、リートの仕組みをお伝えしてきました。お気付きかと思いますが、「儲け方」の類は一切書いていません。

本書は投資の指南本ではなく教科書のような本を目指していることも「儲け方」を書かな

い理由の1つですが、まずお伝えしたいのは株式も債券もリートも、本来の目的は、私たちが生きていく上で重要な国や地方や会社が資金を調達するための手段だということです。この章は「増やす」と謳《うた》っておきながら、仕組みについてお伝えしてきました。その上、私たちが儲かる話ではなく、「国や企業など相手方が資金調達をする手段」とまとめてしまいました。でも、そういった社会にとって必要不可欠な仕組みに参加する、自分の大事なお金を参加させること、これが投資の最大の意義だと考えています。そういう意味では、儲かるか損するかは後から付いてくるものです。

そして、お金が増えることより何より、私は株式、債券、リートに投資をするよくできた「仕組み」が興味深いと感じます。投資の仕組みを理解できたときの嬉しい気持ちを今でもよく覚えていますし、こうして書いているだけでもワクワクします。

読者の皆様の中にも「へぇ、そういうことなんだ～！」「初めてわかった！」と目を輝かせてくれる方がきっといるはずです。

欲深いイメージを持たれがちな投資ですが、仕組みを知ることで「お金を儲けたい」以外の意義を知り、感動を口にする若者もたくさんいます。私が幸せを感じる瞬間です。

「自分のため」の要素が圧倒的に大きい貯蓄に比べると、株式、債券、リートといった基本的な投資は、本来「社会のため」という外向きの要素が強く、仕組みも合理的で本当に良くできています。

投資に参加することは、カッコよくて最高に気持ちのいいアクションだと思います。

かわいいお金には旅をさせよ——投資とメンタル

ちょっと怪しく思えるかもしれませんが、お金を擬人化してみてください。一生懸命働いて生み出したお金にどう生きてほしいですか？

自分のために貯め込むことは、狭いところでギュッと閉じ込められて息苦しいのではないかと……。できることなら、広く羽ばたいて社会や経済に参加して活躍してほしい、たくさんの人の役に立ってほしいと私は思います。かわいい子には旅をさせよといいますが、その考え方に投資は見事にはまります。

現実としては投資をすれば値動きします。増えたらニッコリほめてあげればいいし、減ったら病気やケガみたいなものだと思って最大限のケアをしてあげたらいいと思います。

自分の大事なお金が生み出した結果なら、どんな結果でも最終的には受け入れるしかありません。そう考えながら、丁寧かつ強い責任を持って投資先や投資する金額を決めてあげるといいですね。

大事なお金を値動きするものに投資する際に「心の保ち方、整え方」は意外に重要で盲点となりやすいもの。こんな考え方も1つのおすすめです。我が子に旅をさせるようなやさしい気持ちや責任感をプラスしてみんなが投資をしたら、この国はもっと豊かでいい国になるような気がします。

投資信託の仕組み

ほとんどの会社員が遅かれ早かれどこかのタイミングで出会ってしまう「投資信託」と、115ページでお伝えしました。投資信託の前に株式、債券、リートの解説をしたことには理由があります。

「投資信託とは？」という説明には、知っているのが当たり前のように、株式、債券、リートという言葉が頻発するからです。それなら、株式や債券やリートの仕組みや意義を先に知っておくのがベストですよね。

では、ここからは投資信託の仕組みを解説します。

一人ひとりのお金は少しでも、たくさんの投資家が「この商品いいな！」とお金を出すと大きな金額になります。「ファンドマネージャー」という人が、その大きなお金でいろいろな株式や債券やリートに投資をしてくれます。例えば「日本の株式に投資します！」という投資信託商品なら、日本のたくさんの会社の株式に投資されます。

このまとまったお金、つまり、投資のために募って集まった資金のことを「ファンド」といいますが、一般的には「このファンドは人気あるよね」などと、それぞれの投資信託商品のことをファンドということが多いです。

私は20代の頃、「ファンドってなんだろう？」が疑問で、調べても基金・資金という解説もあれば、投資商品の解説もあるしさっぱりわかりませんでした。結局どちらも正解だったのですが、一般生活者として暮らしていると、「ファンド」はほぼ投資信託商品を指していますね。

さて、通常、投資信託を購入する場合、私たちは3つの機関と関わることになります。

①販売の窓口となっている機関（証券会社、銀行、郵便局など）
②投資信託を作っているメーカーである運用会社（○○投信、○○アセットマネジメントなど数多く存在する）

③金庫番をしてくれる信託銀行

私たちは**販売会社**を通じて、**メーカー**である**運用会社**が作っている商品を購入することができます（販売会社を通さない「直販」と呼ばれるものも一部あります）。

そのお金は信託銀行で管理されながら株や債券やリートなどに投資されていきます。

販売会社は売っているところであって、投資信託を作っているところではないので、客が商品の細かいことをきいても答えられない場面もあるでしょう。

そして、運用会社はメーカーなので、投資家のお金を抱えているわけではありません。

そのお金の管理は金庫番である信託銀行が担当です。

3つの機関はそれぞれ別の役割があるのです。

ファンドマネージャーはどの会社にいる人か、もうおわかりですね。運用会社です。

初めての投資の場合、次の理由から投資信託の方が株式や債券やリートよりもハードルが低く感じる可能性があります。

・金額のハードル

今はポイントでも投資信託を購入できるので、小銭から可能といえます。また、月々無理のない金額で積み立てていく方法もあちこちで整っています。株式、債券、リートなら、1銘柄に対して数万円、数百万円の単位からです。

・銘柄選びのハードル

例えば、株を買おうと思っても、「どの会社を選ぼうか」という壁にぶつかりがちです。日経新聞読むわけ？　会社の業績は？　お得な株って？　など、勉強しようと思いそのまま何年も経ってしまったり、本を読み始めて挫折する人もいます。でも、投資信託の場合は、ファンドマネージャーが選んでくれます。また、1つの投資信託で何十～何千銘柄という一人では不可能な数の会社に投資をすることができます。

・手続きのハードル

株式や債券やリートは、通常、証券会社の口座開設から始まります。どこの証券会社にすればいいのかを迷っただけで進まない人も多いです。その点、投資信託は、手数料もかかりますが、身近な銀行や郵便局で勧められたり、職場の制度を通じて申し込みできたり、セミナーがあったり、入り口が多岐に渡り、良くも悪くもある程度道筋ができています。

投資信託が簡単とはいいませんが、乗り越えなくてはいけないハードルを取り払ったり下げてくれる効果はありそうです。

さて次の項目からは、知識の習得だけで終わらずに資産運用を実践するための「もうひと頑張り」コーナーが始まります。

ごく普通の会社員でも自分なりに貯蓄や節約をしたり、お得な情報を入手してやってみたり、住宅ローンを組んだり保険に入ったりします。知識はさておき、多くの方が実践していますよね。

では、資産運用はどうでしょう？　もっともハードルを感じている人が多いと感じています。親世代もあまり資産運用をしてこなかった影響、損をしてしまうのではという怖さ、また、他の分野に比べて一部詳し過ぎる人が現れてきたこと、などあらゆる理由が重なって自分には無理と感じてしまう人も多い気がしています。「もうひと頑張り」がどうしても必要だと私も認めざるを得ません。

でも、ここまで学んでいただいた社会における意義や大枠の仕組みに加え、ここからの具体的なやり方を理解すれば、極めてさりげなく無理なく資産運用をすることができます。そこで初めて「増やす」という夢に近付くことができるのです。

会社で確定拠出年金制度が始まったり、iDeCoを勧められどうしたものかと立ち止まってしまった方もいるはずです。このタイミングで一緒に乗り越えていきましょう。

投資信託のカテゴリー

投資信託では、結局のところ、**自分のお金が株式、債券、リートなどに投資されます。**

投資信託を選ぶ上で、「株式」に投資する商品なのか、それとも「債券」なのか「リート」なのかなど、何に投資をするものなのかというカテゴリー分けが重要です。そこでも株式、債券、リートの基本は役に立つはずです。

まず、一般論で**値動きの小さいとされている順**に記載していきます。

- 国内債券型：上がるも下がるも値動きが小さい。
- 外国（先進国）債券型：円高・円安（為替）の影響を受けるので国内債券型より値動きが大きい。

・外国（新興国）債券型：経済的にまだ若い国ならではの変動もあるため、先進国の債券よりも値動きが大きい傾向あり。

ここからは、上がるも下がるも値動きが大きいです。

・国内リート型：国内株式並みに値動きが大きい。
・外国リート型：為替の影響も受けるため、国内リート型よりも値動きが大きくなる可能性も。
・国内株式型：まさに株価の変動のように値動きが大きい。
・外国（先進国）株式型：円高・円安（為替）の影響を受けるので国内株式型より値動きが大きい。
・外国（新興国）株式型：経済的にまだ若い国ならではの変動もあるため、先進国の株式よりも値動きが大きい傾向あり。

その他、値動きのある「もの」に投資をする投資信託もあります。

・コモディティ型：例えば純金や原油など、株や債券やリートではなく、値動きする「もの」に投資をするタイプ。

1つの投資信託の中で、国内外の株や債券やリートなど複数のカテゴリーのものに投資をしてくれるパッケージ商品もあります。

・バランス型：国内外の債券と株式の4資産に分散してある商品、新興国の債券や株式も含めた6資産に分散してある商品、国内外のリートを含めた8資産に分散してある商品、株式のみでも国内、先進国、新興国すべてに分散してある商品などもあります。バランスがいい商品という意味ではありません。

食べ物屋さんに例えると、単品メニューとバランス型と呼ばれる定食があるといったところでしょうか。

値動きの大きい（ハイリスク・ハイリターン）商品で投資をしたいなら、外国（先進国・新興国）株式型になるでしょう。イメージはカツ丼ですね。

それよりは値動きを抑えつつということなら、他のカテゴリーと分散投資をしてみる方法もあります。国内外の債券型と株式型とリート型などを自分なりの比率で分散するのは、ごはん少な目、みそ汁は赤だし、おかず、小鉢と組み合わせて一食を作るイメージです。

分散投資をおまかせしてしまうバランス型は、A定食、今月のよくばり定食などですね。

投資信託の最重要単語「基準価額」ってなに？

投資信託の最重要単語ともいえる言葉に「基準価額」があります。

これは投資信託の単価の呼び名です。厳密にいうと、投資信託は○○口といういい方をするのですが、**1万口あたりの単価が基準価額。**

株式投資でいうなら株価みたいなものなので、投資信託の値動きを表す重要なものです。

基準価額が「上がった」「下がった」という使い方をします。

ただ、株価のように1日中動いているわけではなく、**1日1回お値段が決まる**ので、昨日の基準価額は○○円、今日の基準価額は○○円となります。この話をすると、「先に知りたかったです！」といわれたことがあります。その方は自分の口座残高をスマホで1日に何度も見ていたそうです。

その日の夕方決まった基準価額は夜にはWebで確認できます。一定以上の規模の投資信託の基準価額は翌日の新聞にも「オープン基準価額」として掲載されています。

基準価額は通常その商品が誕生した日（設定日）に「1万円」からスタートして、その商品の保有銘柄の状況によって上がり下がりします。

では、ちょっと考えてみてください。

Aさん、Bさんが同じ投資信託を基準価額1万円の日に100万円ずつ投資をしたとします（各種手数料・費用は考慮しないものとします）。

その後、その商品は下がっていき基準価額が7000円になってしまいました。気の短いAさんは、「こんなものはやっていられない！　全部やめる！」と解約しました。残念ながらAさんの100万円は70万円になりました。

一方のBさんは、「今やめたら損になるし、今現金が必要なわけでもないので」と続けました。やがて基準価額は上がっていき、2万1000円になったところでやめました。Bさんの100万円はめでたく210万円になりました。

「基準価額」、難しくないですよね。

では、世の中には必ずCさんがいますので考えてみてください。実は、Cさんが本題です。基準価額が7000円のときに100万円投資をしました。Bさんがやめた基準価額2万1000円の日にCさんも解約しました。さて、Cさんの100万円はいくらになったでしょうか?

【ヒント1】頭の中で引き算をしている人は間違えている可能性が高いです。
【ヒント2】電卓を触りたくなった人も間違えていると思います。

答えは300万円です。投資をした日の7000円と解約をした日2万1000円の基準価額の関係はちょうど3倍ですね。100万円は3倍の300万円になったというわけです。

もう基準価額についてはおわかりいただけたかと思います。

以前こんな男性がいらっしゃいました。「投信でも買いたいけど、今は基準価額が低くてダメだろう!」とのことでしたが、「やめるなら、今はダメだろう」ですよね。

また、基準価額は1万口あたりの単価とお伝えしましたが、月々積み立てで投資をする場合どうなるかも考えてみましょう。

基準価額が1万円の日に1万円投資をしたら1万口が手に入ります。

基準価額が下がって5000円の日に1万円投資をしたら倍の2万口が手に入ります。

月々同じ金額で同じタイミングで投資していくと、安い日にたくさんの口数を買うことができて、高い日には口数の買い控えをできることになります。

最終的にやめるときは、やめる日の基準価額×持っている口数となるので、買うときの基準価額が低くても悪くないように思えませんか？　買うときはずっと安くて、売るときに思いっ切り高いと自分のお金は随分増えることになります。

見逃し禁物！　投資信託の2つの手数料

投資信託を考える上で外せないことに2つの手数料があります。①買っただけで発生する**「販売手数料」**（＝購入時手数料）、②保有中、毎日差し引かれる**「信託報酬」**（＝運用管理費用）があります。自分の運用成績に影響するほどの金額なので見逃し禁物です。

まず、販売手数料（＝購入時手数料）について。買った瞬間にかかる手数料で「販売会社」へ払われるものを「販売手数料」（＝購入時手数料）といいます。ネット証券や直販など、販売手数料がかからない場合もあり、それらの商品を「ノーロード」といいます。かかる場合は投資額の3％ほどです。

かつて、こんな方がいらっしゃいました。「投資信託って手数料高いんですね。30万円もかかっちゃいました」。

これを聞いた私は「1000万円買ったんですね！　これと同じ商品、**ネット証券で買えば手数料ゼロ**だったのに……」とつい反応してしまいました。直後に、後の祭りなのに余計なことをいってしまったか！　現実だけど、悔しい思いをしたら気の毒かも……という思いが瞬時に頭を巡りました。

ところが返ってきた答えは、「まぁ、○○銀行にはお世話になっているからいいわ」。

これには何とも驚きましたが、よく考えると、この方はさまざまな事業を展開し、大きなビルも持っている経営者の方でした。お世話になっている○○銀行であれば、そのくらい払ってもいいと思えるレベルなのです。

さて、ご自身はどうでしょう？　そこまでお世話になっていないなら、絶対にノーロードがいいですよね。

次に信託報酬（＝運用管理費用）について。投資信託は基本的に3者（販売会社を通さない場合2者）に投資に関するさまざまなことをやってもらう仕組みなので、そのための「手間ひま代」を毎日払う必要があります。3者に支払う手間ひま代のことを信託報酬（＝運用管理費用）といいます。

商品によって高い安いの違いがある理由は、「かける手間ひまが違うから」ということももちろんありますが、最近は値下げ合戦の様相も見られます。投資している人たちの全ての財産（純資産総額）から何％という形で差し引かれるのですが、1％以上も違い、自身の運用成績への影響も大きいです。**0・2％台までは「安いなぁ」となり、1・0％以上は「ん〜、高くない？」と感じます。**

信託報酬の「報酬」という言葉と、信託報酬の単位である「％」を見て、「利回りとか実績みたいなものですか？　だったら、数字が大きいほうがいいですよね！」と聞かれたことがありますが違います。逆で、支払うことになるので、特段の理由がなければ数字が小さい方が嬉しいはずです。

信託報酬を払うタイミングですが、同じ商品をほしいと投資をした人たちのお金をまとめて大きなお金となったところから毎日差し引きます。ですから、個人が「私は今日〇〇円払ったのね！」という数字は見えません。信託報酬差し引き後に毎日の基準価額が決まります。

信託報酬が高くてもいい特段の理由とは、商品性を見た上で「この商品のこの手間ひま代に対してなら払います！」とか、「このファンドマネージャーのファンなので、その気持ちと期待を込めて払います！」など自分なりの考え方がある場合や、「信託報酬差し引き後の運用実績を比較して、類似の商品に今までずっと勝っているので！」という過去のデータを理由にするなどが考えられます（運用実績については、151ページに記載していきます）。そういった納得感を持っての選択であれば良いのですが、何の理由もなく高いものを選ぶのは賛成できません。

まとめると、**販売手数料は庶民なら避けたいもので、信託報酬は理由がないなら安いものを選びたい**ですね。

投資信託の性格2種

ここまでお読みいただければ、投資信託の基本事項はあと一歩です。

商品を選ぶにあたって、投資信託の性格の違いが大きく2つに分けられることを知っておく必要があります。「パッシブ運用」と「アクティブ運用」という2種類です。このどちらの性格なのかで、例えば**国内株式型という同じカテゴリーの商品だとしても、大きな違いがある**のです。

まず、2つの性格の違いを知る上で出てくる言葉を先に解説します。それは「ベンチマーク」です。投資信託というのは、それぞれの商品ごとに「どんな値動きを目指すのか」という目標指標を決めることがよくあります。例えば、「この商品はTOPIXを目標指標にしますね」などです。

この目標とする指標のことをベンチマークといいます。右の例なら、「ベンチマークはTOPIXです」となります。

これを踏まえて、次の2つの性格を比べてみます。

・パッシブ運用（インデックスファンド）

ベンチマークをコレと決めたら、ベンチマークと連動するような動きを目指していくタイプの性格です。例えば、国内株式型の商品で「ベンチマークがTOPIX」なら、TOPIXとソックリな値動きをする投資信託ということになります。では、どうやってTOPIXとソックリな動きをさせるかわかりますか？　それは、TOPIXを構成している2000超の銘柄、つまり、東京証券取引所一部で売り買いされているすべての銘柄をそのまま買えばいいのです。もっといえば、投資する比率も「トヨタ自動車にもっとも多く投資して」とか市場に占める割合のまま買えばソックリになりますよね。ある程度は機械的に２０００くらいの銘柄を買えるため、ファンドマネージャーがいる運用会社の手間ひまという意味では大掛かりではありません。つまり、信託報酬（＝運用管理費用）は安いです。

・アクティブ運用（アクティブファンド）

ベンチマークをコレと決めたら、ベンチマークを上回るような動きを目指していくタイプの性格です。ただし、実際にベンチマークより上回る保証は一切ありませんし、難しいという現実もあります。例えばベンチマークをＴＯＰＩＸにするなら、２０００ほどある構成銘柄の中から、ファンドマネージャーが数を数十銘柄とか数百銘柄程度などにぐっと絞り込んでいくのです。ファンドマネージャーがいる運用会社としては、絞り込むために手間ひまがかかりますので、信託報酬は高めです。また、絞り込みにはコンセプトがあります。「成長性に着目して絞り込みます」「計算上、株価が割安な会社を選びます」「社会的に良いことをしている会社に絞ります」などさまざまです。

パッシブ運用かアクティブ運用かを選ぶ際のポイントは何でしょう。

● パッシブ運用の組入上位10銘柄のイメージ

組入銘柄数：2170

	銘柄	業種	比率
1	犬田自動車	輸送用機器	3.4%
2	猫山電気	電気機器	2.2%
3	ペンギングループ	情報・通信業	2.1%
4	イルカフィナンシャル・グループ	銀行業	1.8%
5	パンダ堂	その他製品	1.6%
6	馬村薬品工業	医薬品	1.5%
7	うさぎ電信電話	情報・通信業	1.4%
8	トラ川フィナンシャル・グループ	銀行業	1.3%
9	ハムスターホールディングス	サービス業	1.2%
10	第一ライオン製薬	医薬品	1.1%

・組入銘柄数は多くなる。
・組入上位銘柄は誰もが知っている大手企業が中心。

● アクティブ運用の組入上位10銘柄のイメージ

組入銘柄数：260

	銘柄	業種	比率
1	ネズミフグ本社	卸売業	4.2%
2	アホウドリ電気	電気機器	4.0%
3	ワオキツネザル製品	輸送用機器	3.6%
4	カピバラ工業	機械	3.3%
5	スベスベマンジュウガニグループ	精密機器	3.0%
6	ハシビロコウグループ	情報・通信業	2.5%
7	マンタ工業	機械	2.4%
8	ダチョウグループ	情報・通信業	2.3%
9	マンボウ産業	機械	2.2%
10	東京チベットスナギツネ	電気機器	1.8%

・組入銘柄数はアクティブ運用にくらべて少なくなる。
・コンセプトに沿って絞りこむので、組入上位銘柄に「知る人ぞ知る」企業が入ってくることも。

アクティブファンドを選ぶなら、「個人的にこのファンドマネージャーのファンなので」「昔から、この商品が好きなので」「この絞り込みの今後に期待したい」など、どんな結果となっても後悔しない理由があれば良いと思います。でも、興味はあるけどそこまでは……というなら、**信託報酬（＝運用管理費用）の高さを上回る運用成果が出ているかがポイント**になります。

実は、信託報酬（＝運用管理費用）差し引き後の運用実績を見てみると、ファンドマネージャーが手間ひまをかけたアクティブ運用の商品が、パッシブ運用に負けていることは多いのです。

運用実績の見方はこの後記載していきますが、「それなら信託報酬の安いパッシブ運用でコツコツいこう！」という考え方も人気がありますし、大いに「有り」です。

投資信託の運用実績はどこで見る？

「同じカテゴリーのパッシブ運用とアクティブ運用を比べたい」「国内債券型はどのくらい値動きが小さいの？」「外国株式型って下がるときってどのくらい下がるの？」などを確認するなら、運用実績を見ることになります。

●騰落率（％）

パッシブ運用の場合⇨ファンドとベンチマークの数字はそっくり

	直近1か月	3か月	6か月	1年	3年	設定来
ファンド	−2.2	3.6	8.5	9.7	7.2	12.8
ベンチマーク	−2.2	3.6	8.6	9.8	7.3	13.2

アクティブ運用の場合⇨ベンチマークより良い成績を目指す

	直近1か月	3か月	6か月	1年	3年	設定来
ファンド	−1.2	8.4	17.6	21.9	15.9	18.2
ベンチマーク	−2.2	3.6	8.6	9.8	7.3	13.2

おすすめは、商品ごとの「月次レポート」というものです。月末に締めたものが翌月アップされ、商品ごとにＰＤＦファイルを開いて確認することができます。

開いてみた方は、「基準日」「基準価額」「基準価額の推移」「組入上位10銘柄」「組入銘柄数」、外国のものなら「通貨別構成比」「国・地域別組入比率」などに目がいくと思いますが、ぜひ「騰落率」という横長の表をご覧ください。これは、基準日までの6か月、1年などの成績を示しています。数字が大きければ「1年でこんなに増えたんだな」、マイナスなら「この間はコロナショックを挟んでいるから減ったんだな」などと、同じ条件で他の商品との比較もできます。ＰＤＦを開いたり印刷しないまでも、騰落率は商品ごとにＷｅｂページ上でも確認できます。

同じカテゴリーのパッシブ運用とアクティブ運用を比較する際は、騰落率を見て、どの期間で比べても勝っているから有り、負けているから無しなどと考える参考データになります。

そこまでしなくても、割り切って信託報酬（＝運用管理費用）が安いインデックスファンドオンリーという考え方も大いにけっこうです。仮に過去に勝ってきたアクティブファンドも今後はどうなるかわかりませんし、信託報酬が安いことは魅力です。

私も複数の投資信託で運用していますが、アクティブファンドは2つだけで、残りはすべてインデックスファンドです。

会社員なら活用したい増やす資産運用の「入り口」

貯める運用に加えて、増やす資産運用を始める上で、まずどこでどうしたらいいのだろう？という問題があります。よくある質問を挙げておきましょう。「街の証券会社に行けばいいんですか？」「銀行で投資信託を勧められたんですけど、この商品ってどうですか？」「誘われてセミナー行ったら、○○投信のセミナーだったんですけど買おうか迷っています」などなど。

資産運用の入り口は様々ですが、真っ先に考えてほしい入り口は「**確定拠出年金**」です。

確定拠出年金には「企業型」と「個人型」の2種があり、個人型は「ｉＤｅＣｏ」という愛称が付いています。以下、**企業型**を「**企業型ＤＣ**」、**個人型**を「**ｉＤｅＣｏ**」とします。

ちなみに、企業型ＤＣ、ｉＤｅＣｏともに、ＤとＣが入っています。元々はアメリカの制度をモデルとして確定拠出年金法ができたため、英語の Defined Contribution Plan の略でＤＣともいわれています。ＤＣイコール確定拠出年金と思ってください。また、アメリカの法律４０１条ｋ項から「日本版４０１ｋ」という言い方も一部残っており、これも確定拠出年金を指していると思っていいでしょう。日本では２００１年にスタートしたまだ新しい部類の制度です。

さて、確定拠出年金とは何なのか？　大きくまとめると、次の3段階です。

①掛金を積み立てていく（＝お金を「拠出」する）
②自分自身で商品を選ぶ（＝拠出したお金を「運用」する）
③老後に受け取る（＝「拠出」±「運用」でできあがったお金を「受給」する）

②で商品を選ぶことになりますが、商品の分類が大きく2つあります。上昇や下落といった値動きをしない**元本確保型**の「**預金**」や「**保険**」と、**値動きする**「**投資信託**」です。初め

ての資産運用の「入り口」として、**まずは確定拠出年金を通じて「投資信託」を選んでみる方法をおすすめします。**

資産運用として珍しい点は、③の通り、あくまで**60歳以降の「老後」に受け取る制度**だということです。「儲かったら換金！」という手続きはできないので、老後資金作りに投資信託を取り入れるという考え方です。

確定拠出年金で「投資信託」をおすすめする2つの理由

確定拠出年金を入り口にして投資信託を、とお伝えしたのは次の理由があります。

まず、**既に加入済みの会社員が多い**ことです。約750万人なので会社員の約5人に1人が加入している計算となります。

退職金の積み立て方法として企業型DCを使っている会社なら、全員強制で自動的に加入しているケースもあります。その場合、加入している認識がない方もいるので必ず確認をしてください。

一方、退職金として積み立てるのか、前払いで受け取るのか選択制の会社もありますが、申し出をすれば途中から加入できる場合もあるので手続き期間などを確認してみましょう。

既に加入済みなら、今から書類を書いて押印するなど新規口座開設の手続きをしなくても済みます。口座開設の手続きが最初にぶつかりがちな壁なのです。

また、賛否はあるものの、運用商品のラインナップがある程度絞られているため、**証券会社等の大量の商品から選ぶよりもハードルが低い**との声も聞きます。

後ほど解説しますが、会社が掛金を出している場合、その同額まで（上限あり）ご自身の手取りからお金を上乗せできる可能性があります。これを、「マッチング拠出」といい、会社からの掛金（事業主掛金）と自分の掛金（加入者掛金）を合計すれば、それなりにやりがいのある金額を積み立てられる人もいます。

そもそも会社にない場合は、iDeCoの活用を検討しましょう。会社に制度はあるものの掛金が少な過ぎる、マッチングもできないし……などの場合も、法改正によりiDeCoがどんどん使いやすくなっていきますので期待していいでしょう。

退職金のない零細自営業者の著者自身も長年iDeCoに加入しています。退職金がない会社や少ない会社にお勤めの方は、私と共にiDeCoでコツコツ頑張りましょう。上昇も下落も経験し、そこそこプラスになっていますよ。

次に、**税金のメリットがある**ことです。通帳やWebの預金の明細で「お利息」の文字を見たことはありますか？　読んで字のごとく預金の利息がちょっぴり入金されたことがわかりますが、実はその利息、20・315％の税金が差し引かれた後の金額なのです。この国では利息や儲けが出た場合、増えた金額から20・315％（基本20％ですが、東日本大震災からの復興の目的で当面0・315％が追加されています）が引かれることになっています。

でも、**確定拠出年金による利息や儲けであれば非課税になるのです。**50万円プラスになれば、本来10万1575円が税金として引かれます。2割の税金がかかるかかからないかの差は大きいですよね。

かつて、こんな質問を受けたことがあります。「銀行で月に2万円ずつ投資信託を積み立てしているんですよ。銀行の方でリスクを取っているので、確定拠出年金は定期預金とか手堅いものを選んだ方がいいっすか？」。

これは「逆」といっていいですよね。元本確保型商品の定期預金と保険は、今利息がほとんど付きません。その少ない利息から約20％引かれようが引かれまいがほとんど変わりません。つまり、**運用益非課税のメリットを辞退するようなものです。**もったいない……。

企業型ＤＣであれｉＤｅＣｏであれ**運用益非課税になる確定拠出年金だからこそ投資信託なのです。**

個人の残高に対し年率1・173%の特別法人税が差し引かれることになっていますが、現在非課税となっている（凍結）どころか、制度開始2001年から一度もかかったことはありません。撤廃しようとの声も上がっていますが、仮に特別法人税がかかる時代が来ても大きな金額ではありません。これを理由に加入を悩む必要はないでしょう。

「NISA」（一般NISA・つみたてNISA）という資産運用の制度があり、こちらも運用益が非課税です。確定拠出年金とNISAを併用すれば、ダブルでお得になります。せっかくなので、私は毎月iDeCoとつみたてNISAの併用で積み立てをしています。「NISA」については後ほどくわしく説明します。

確定拠出年金の「自腹積み立て」で税金が減る

「自腹積み立て」なんていわれたところで、iDeCoの対象者にとっては自分で払うのは当たり前なので、自腹という表現は不要なほどです。

しかし、企業型DCの場合は、退職金の積み立て手段として会社が掛金を払っているケースも多いので、「自腹」の概念がない人もいるはずです。でも、**今この瞬間から「自腹」を意識してください。**

前述のように会社が払っている掛金に自分の手取りからお金を上乗せすることができる**「マッチング拠出」**という制度があります。会社が出している掛金を**「事業主掛金」**といい、自腹の上乗せ額を**「加入者掛金」**といいます。

マッチング拠出は、申し込みできる会社とそうでない会社があるので確認が必要ですが、できる会社なら、原則として事業主掛金と同額まで上乗せできます（ただし、会社の他の制度や掛金額によっては法律上の上限額に引っ掛かるので、会社から案内があります）。

マッチング拠出ができない会社や、マッチング拠出があっても可能な金額が少な過ぎて物足りない（例：会社が払っている掛金が1000円なら自分も1000円までしか上乗せできない）場合などは、改正によりiDeCoでの自腹積み立てがどんどんやりやすくなっています。今から理解しておきましょう。

さて、iDeCoであれマッチング拠出であれ、自腹積み立てには税金面での大きな魅力があります。

それは、払った額がすべて所得控除（47ページ参照）となる「全額控除」です。所得税と住民税の課せられる**「課税所得」**から、**その年の年初から年末までに支払った全額がカットしてもらえる**のです。

課税所得が小さくなれば、当然所得税と住民税は下がります。所得控除といえば、古くから有名なものに生命保険料控除がありますが、全額控除の威力にははるかに及びません。

全額控除を知ると、理解している人であればあるほど「多くの掛金を積み立てたい！」とおっしゃいます。自分名義で積み立てながら投資ができて、課税所得から掛けた分がカットされるわけですから、金銭的に余裕があるなら、その考えはよくわかります。

でも、さすがにそこまではうまくいきません。掛金には立場によって上限額が決まっています。そうでないと、国も地方も税金収入が下がるので仕方ないですね。

掛金の全額控除は、知っていて、かつ、行動した人だけが得をする典型的な例です。

●確定拠出年金の掛金控除のイメージ

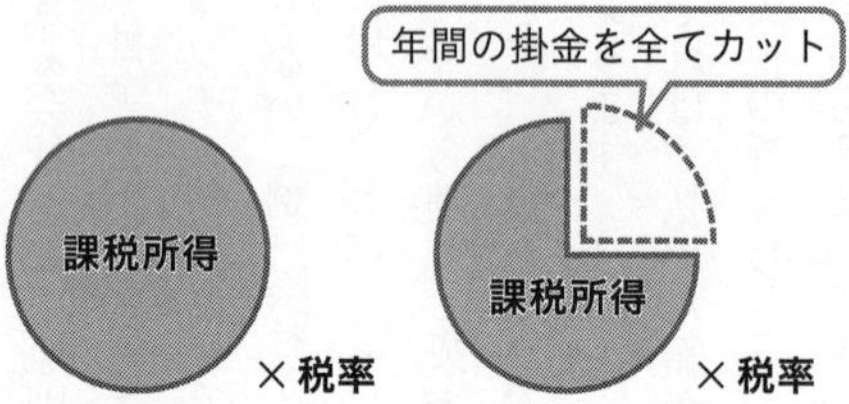

もっとも、各種控除が多過ぎて既に課税所得が少なく税金がほとんどかかっていない方や、また扶養の範囲内で働く方の場合は、そもそも課税所得が出ないようにしているわけですから、この優遇の意味がありませんのでご注意を。

さて、所得控除の具体的な効果は、所得税の還付金が増えて、翌年の住民税が下がることです。

iDeCoの手数料と運用成果がその年マイナスだったとしても、控除された分の税金がプラスなら、プラスマイナスプラスですね。資産運用でのマイナスは怖いかもしれませんが、このように考えられるとメンタル的にもお得です。

自営業者の「領収書ください！」に勝てる節税術？

概して会社員は、所得税と住民税に対してぼんやりのほほんとしていると感じます。不平不満を持っていたとしても、まるで「どうせ自動的に天引きされるし考えても無駄」と諦めているかのようにも思えます。

自営業（個人事業主・フリーランス）の人を思い浮かべてください。あっちでもこっちでも「領収書ください！」といっていませんか？　「経費で落とす」ための準備ですよね。あらゆる領収書の1年分の合計額が課税所得からカットされるわけです。会社員くらいの売上の自営業者には、領収書をかき集めて課税所得を極限まで小さくして所得税と住民税がゼロだとか、とてつもなく少ない人がわんさかいるのが現実です。何だかちょっと悔しくないですか？

確かに、会社員は「領収書ください！」の経費作戦は使えませんが、**同じ効果があるのがiDeCoとマッチング拠出の掛金**なのです。しかも、自営業者の飲み代の領収書などは、仕事とはいえワイワイお酒を飲んで無くなってしまうものがあるはずですが、iDeCoやマッチング拠出の掛金はちょっと性質が違います。自分の名義で積み立てて老後資金になるわけですから、「領収書ください！」効果がありながら、自営業者の微妙な領収書よりも将来リアルな現金になるのです。

ここまでで、確定拠出年金に加入した場合の税金に関するメリットを2つご紹介しました。**①利息や儲けから約20％の税金が差し引かれない点と、②年間の掛金が課税所得から全額カットとなる点**です。

ラスト3つ目の税金メリットをあげたいと思います。それは、**③60歳以降に受け取る際は、「一定額まで」非課税**となる点です。

非課税で済んでしまう方も多いですし、仮に課税対象となっても別な優遇があります。一般的な会社員は②の優遇が非常に大きく、さらに①の恩恵も受ければ、①②のプラスを逆転されるほどのマイナス（税額）を③の税金によって被ることは考えにくいです。

例えば、年収500万円（扶養親族なし）の35歳の方が60歳まで毎月2万円積み立てた場合でシミュレーションしてみます。

①のメリット（運用益が非課税となる）
　運用利率3％：58万4031円の税金がかからない（分離課税20％で試算）
②のメリット（年間掛金が全て所得控除となる）
所得税と住民税が25年間で120万円下がる（年間の節税額：約4万8000円）
①＋②なら178万4031円のメリットがある。
　※2021年1月現在の法令で試算しています。
　※受け取り方、受け取り時期、他の制度の加入状況等により結果が変わってきます。
　※あくまで概算であり、金額を保証するものではありません。
　※個別具体的計算は税理士にご相談ください。
③の受け取り時の税金がどうしても気になる方は、次を読んでください。

受け取る時の税金は優遇でお得？　課税で損？

税金の世界では、途中で大きな優遇を受けたなら、受け取る時にしっかり税金がかかる「繰り延べ」という考え方は当たり前なので、「一定額」まで非課税というだけで十分メリットです。

一定額まで非課税とは、一時金（一括）で受け取った場合は、「退職所得控除」という税制優遇があります。これは、お疲れ様の意味合いも強い「退職金にあまり税金がかからないようにしますね」というイメージです。選択型やｉＤｅＣｏなど退職金でない場合でも対象となります。

年金（分割）で受け取った場合は、「公的年金等控除」の対象です。こちらは、「老後の年金などにはあまり税金はかからないようにしますね」というイメージです。

しかし、「儲かった分だけじゃなくて、自分の支払った元本にも税金がかかるの？」という本音も聞こえてきますので、約９割の人が選ぶ一時金受け取りの場合の考え方を記載しておきます。

〈確定拠出年金に20年超加入し、一時金で受け取った場合の非課税限度額（退職所得控除）〉

非課税限度額（退職所得控除）：70万円×年数（勤続年数or加入期間）－600万円（一般的な式を展開してあります）

〈例〉

- 35歳から60歳まで25年iDeCoに加入していた場合
（70万円×25年－600万円＝）1150万円までなら非課税

- もしも、この方が38年勤めた会社から退職金をもらった場合
（70万円×38年－600万円＝）2060万円まで非課税

iDeCoと退職金とを合算するので、退職金が多い会社なら非課税額を超えてしまうかもしれません。その条件で計算してみましょう。

- 退職金2060万円＋iDeCo500万円＝合計2560万円を一括で受け取った場合
↓500万円オーバー

↓オーバーした額を半分にしてくれる優遇があるので、課税所得は250万円
所得税　：（250万円×10％－9万7500円＝）15万2500円
住民税　：（250万円×10％＝）25万円
税額合計：40万2500円

※復興特別所得税は含まれていません。
※2021年1月現在の法令で試算しています。
※受け取り方、受け取り時期、他の制度の加入状況等により結果が変わってきます。
※あくまで概算であり、金額を保証するものではありません。
※個別具体的計算は税理士にご相談ください。

NISAは買えません

ここまで投資信託の入り口として紹介してきた確定拠出年金は、今でこそ個人型にはiDeCoという愛称が付き、うっすら知名度が出てきましたが、多くの人はNISAの方に興味を示す印象があります。制度ができた当初から金融機関で華やかな広告をしているからだ

と思います。とはいえ、「NISAって買った方がいいですか？」という質問をされて、ネーミング効果による知名度先行もどうなんだろう……と思ってしまいました。

NISAとは制度の名前であって、NISAという商品はありません。これは、確定拠出年金の特徴として157ページでお伝えした「**運用益非課税」の優遇を受けられる投資の制度です。**

単に投資をすれば運用益（増えた金額）に対して20・315％の税金がかかりますが、NISAという制度を通して投資をすると上限はありますが非課税になるというものです。確定拠出年金とは別枠で優遇を受けることができるのも魅力です。

確定拠出年金には公務員は月額1万2000円、会社員は会社の制度により月額2万円など上限額があるので、物足りない方は、NISAの併用も検討に値します。私も両方活用していますよ。

運用益非課税の優遇はありますが、iDeCo、企業型DCのマッチング拠出で受けられる所得控除の優遇はありません。扶養の範囲内で働いている方など所得控除の恩恵がないなら、**確定拠出年金よりもNISAの方がいいと判断できるケースが多い**です。

例えば、「独身時代にそれなりに貯めたお金があって、今も扶養の範囲内でパートをしているので投資に回すお金がないわけでもないんですよね」という場合、iDeCoでは所得控除の意味はなさず、手数料は発生します。

専業主婦（夫）、扶養の範囲内の働き方で投資をするならNISAがオススメです。

NISAには「一般NISA」「つみたてNISA」「ジュニアNISA」の3つがあります。

ジュニアNISAは自分名義ではなく子ども名義で行うこと、また2023年に制度の終了が決まったことなどの理由で本書では触れません。

「一般NISA」と「つみたてNISA」のポイントのみお伝えしていきますが、この2つは併用できません。選ぶために、どちらが自分に合っているかをイメージしながら基本事項を押さえていただければと思います。

太く短く一般NISA、細く長くつみたてNISA

一般NISA、つみたてNISAはどちらか選ぶ必要があるわけですが、まず知っておくべきは年間の上限額と優遇期間です。

2024年から制度が変わりますが、2023年までの一般NISAは年間120万円までの投資額に対して5年間までの優遇です。

一方、つみたてNISAは年間40万円の投資額に対して20年間までの優遇です。20年間繰り返すなら、〈毎年40万円×20本＝800万円〉が活用できる枠となります。実は、長い目で見ると一般NISAよりも枠が大きくなります。

次に、株式投資にNISAを活用したいか、も大きなポイントになります。

投資信託であれば一般NISAでもつみたてNISAでも選べますが、「〇〇株式会社の株を買いたい」という場合、つみたてNISAでは対象外なので一般NISAを選ぶ必要があります。

つみたてNISAは手数料が低いなど金融庁で選んだ投資信託などが対象ですが数が限られています。

私はどっちだとよく聞かれるのでお答えすると、一般NISAからつみたてNISAに変更しました。もともと一般NISAしかなかったこともあり、株式投資で活用していましたが、年間の投資額が120万では足りない年もあれば余る年もあり、ムラが気になって仕方がありませんでした。そこで、何も考えなくてもピシッと枠を使い切れるつみたてNISAに変更しました。

上限額が40万円なので3万3000円ずつ毎月投資信託で積み立てしています。自動的、かつ、ほぼ無意識にダラダラと続けるつもりです。

株式投資も多少やっていますが、そちらは当然NISAの枠外ですから20・315％の税金を差し引かれています。

外せないのはネット証券

確定拠出年金のみでいい、ということなら証券口座の開設は不要です。でも、それ以外でも投資をするなら、今やネット証券は外せません。理由は手数料とスマホとの相性です。人や店舗がない分、さまざまな手数料をカットしやすいことが考えられます。また、スマホでほとんどの手続きが進められるようになっています。

仮にスマホ慣れしていないお金持ちが巨額の投資をするなら、証券会社の個室で担当者にいわれながらゆったり手続きをするのもわかりますが、会社員が手取りから投資をするなら、夜間や土日、空き時間に1人でささっと使える方が便利ですよね。

ネット証券では、一般NISA、つみたてNISAももちろんですが、NISA枠以外でもさまざまな投資をすることができます。

連携しているネット銀行と併せて口座開設をしておくと、銀行口座と証券口座のお金の移動などでも便利です。

ここは具体例がいちばんわかりやすいようなので、著者が投資関連で活用しているものを記載しておきます。

- iDeCo：SBI証券（2万3000円／月）
かつてはSBI証券だけが手数料ゼロだったので申し込みそのまま継続中。コールセンターの対応時間やWebが他社よりさみしく見えますが、よく考えると電話もかけないし、Webでも何も困っていないので変えるつもりはありません。
- つみたてNISA：セゾン投信（3万3000円／月）
20代の頃、生まれて初めて積み立てを始め、信託報酬が高めながらも運用実績も良いのでずっと続けている投資信託。そのままつみたてNISA口座に変えれば楽ちんかもと思っただけです。
- 株式、ETF（※）、投資信託：SBI証券（投資額にはムラがあります）

ちなみにＥＴＦとは株式とソックリなやり方で投資ができる「上場投資信託」のことです。本書のコンセプトにより投資信託までの解説に留めますので、株式やＥＴＦへの投資へ挑戦する場合は別途調べてくださいね。

講義5

手取りのNG！

会社員の「やってはいけない」

ここからは、注意点をお伝えしていきます。会社員の「やってはいけない」なんて厳しい表現をしましたが、私が会社員の方とのやり取りの中で、「わー！　それはマズい……。先にいってくれれば……」「それは甘い。ちょっと心配……」「お金の情報もアップデートを……」などと感じた「会社員のNGあるある」をご紹介し、解説します。

長いお金人生をゲームにたとえると、時に楽しいアトラクションがあってもいいし、小さな失敗ならリカバリー可能です。でも、失敗の重ね過ぎは避けたいですし、大きなロスやダメージは致命傷になります。ゲームオーバーなんてもってのほか。楽しく、気持ち良く生きていくためにお読みいただければと思います。

甘過ぎるフリーランス化
↓自由の代償……得をするのは会社だけかも

働き方改革、そしてコロナ時代……。「新しい働き方」というどことなくキラキラした耳触りのいいフレーズに惹かれ、「フリーランス化」する人が増えると予想しています。または、フリーランスだか何だかよくわかっていないまま、収入が増えるなどの理由で「業務委託契約」に変更する人も現れるでしょう。

結論から申し上げると、社員にとっては安易なフリーランス化は損になる可能性が高いです。逆に、**会社にとっては社員がフリーランスになってくれることでお得がいっぱいあります。**

フリーランスになるということは、起業することと同義です。たとえ今の会社から仕事をもらえるといっても、「起業家」という志、気概、知識を持っておかないと、「こんなはずじゃなかった」があちこちで発生します。

また、今までの「メンバーシップ型雇用」という人材を育てて仕事を与えるやり方から、転勤や部署異動がなく、既にある仕事に人を充てる「ジョブ型雇用」への転換や、副業可の拡大、これらも会社員の大量フリーランス化への布石と考えることができます。

希望する社員は「個人事業主」として独立させ、今まで通りその会社の仕事を「業務委託」で発注する大企業も出てきています。

知らない人がいないような大企業が導入している制度となれば、追随して中小企業でもどんどん導入してくる可能性があります。提案される前に、会社員として最低限の知識は持っておきたいところです。

「労働契約」「雇用契約」から「業務委託契約」へ変更しないかといわれた場合にまず知っておきたい、**会社側の本音と建て前**があります。

残業イコール悪という風潮が社会全体に広がってきていることは、誰もがお気付きのことと思います。ひと昔前には当たり前だった「サービス残業」などが労働基準監督署に指摘されてしまえば、過去に遡《さかのぼ》って該当社員全員に未払いの残業代を払う事態にもなりますし、会社が潰れかねない時代なのです。

そこで、会社はとにかく「帰さなくてはならない」、社員は「帰らなくてはならない」という空気ができている、これが通常の会社です。

しかし今でも、特に零細企業には「ウチの業務が8時間で終わるなんてあり得ない」「ウチの規模で残業代なんて」という社長も山ほど存在します。

労働者も「ウチの業種は仕方ない」「残業代なんて大手でもないのに出るわけない」という考え方を持ち続けているケースが多く見られます。

会社も労働者も「ブラック企業」を自覚しつつ、当たり前のように受け入れているのです。

会社側に法定労働時間で労働者を退社させることや、時間外労働に対して割増賃金を払う義務を課しているのは「**労働基準法**」です。

つまり、労働基準法が会社を苦しめているという考え方の経営者も多いのが現実です。そこで、**労働基準法から解放されるための完璧な方法は「労働者を雇わない」こと。**

人材が必要なら「外注」すればよいのです。在籍している雇用契約の労働者を業務委託契約の個人事業主に変更させれば、労働時間や残業代という概念も消えてなくなります。

この方法を推し進める会社は、**労働基準法逃れが本音である可能性は極めて高いです。**

しかし、そんなことは表立っていえることではないので、建て前としては「時間に縛られない自由で新しい働き方」という趣で説明されるのが一般的です。

「建て前」を掲げて、雇用契約から業務委託契約への変更を提案された場合には、次の2点を徹底的に考えなければなりません。

①本当に自由なのか?

- 指揮命令されることはないか。

上司や社長に指示をされる関係ではなく、会社と並列の事業主同士の関係となる。

- 通常の出退勤時刻を強制されていないか。

例えば、何時~何時のコンペでプレゼンをするなどの受注をすれば別だが、通常の出勤時刻に出社する必要はない。
- 自分の名刺を持ち、他社の仕事も受注できるか。

会社の名刺に縛られることなく、自分自身で他社の仕事も受注することができる。

右記の点で雇用契約の頃と何ら変わらないのであれば、労働基準法から逃れて都合良く使われているだけの可能性があります。

②自由の代償に耐えられるか？
- 契約期間が1年更新などで、簡単に契約解除されることがある。
- 退職金制度はない。
- どんなに時間がかかっても契約した報酬しかもらえない。
- 病気・産前産後・育児・介護休暇、有給休暇はなくなる。
- 家族を社会保険の「扶養に入れる」という概念がなくなる。
- 仕事のために事故に遭ってケガをしても死亡しても労災保険はない。
- 過労死という概念がない。
- 失業しても雇用保険の給付は受けられない。

・病気やケガで働けない場合でも、健康保険の傷病手当金を受けられない。
・厚生年金がないため、老齢年金・障害年金・遺族年金の額が下がる。

今までと同じ業務内容であれば、今まではるかに多い報酬を受け取らないと見合わない可能性が高いです。

既に、雇用契約か業務委託契約かを巡っては、裁判も起きています。例えば、クラブなどのママ、ホステス、キャバ嬢をオーナーが業務委託契約で採用しているケースで、実態としては労働契約だったとしてオーナーが負けたケースもあります。

大企業であれば、これらの対策は講じた上でフリーランス化を推奨すると想像しますが、グレーゾーンの業務を都合よく委託契約に変更する会社も増えそうですし、既にあるような気がします。

今までと同じ業務をするにもかかわらず、上司から指揮命令をされなくなるのだろうか？　本当に出勤は自由なのだろうか？　など、確認することが重要です。

私自身も起業した身ですし、何も起業やフリーランスという働き方自体を否定しているわけではありません。自分にとって幸せな働き方ではなく、**会社にとって都合の良い働かせ方**

としてのフリーランス化促進を懸念しているのです。

全てを理解した上で、育児や介護や自身の療養などのためにこれらの働き方を選ぶとか、意志と知識を持って起業するというのであれば良いのですが、**「フリーの方が自由だし今よりちょっと多く稼げそうなんだよね」くらいの気持ちでは損をする方が多い**でしょう。

雑にこういった転換を勧めた会社側に問題があれば、何かあっても裁判で勝つことができる可能性があると思います。でも、裁判を起こせず人生を棒に振ってしまう人も出てくるのは悲しいことですよね。

そんなことのないように、今後あり得る新しい「会社との付き合い方」として、フリーランス化、つまり、業務委託契約への変更について知っておくべき時期がきていると思います。

役員就任の甘いワナ
↓会社と心中？　失われる「労働者」のお得

「役員にならないか！　っていわれまして。小さな会社なんで、ほとんど従業員兼取締役ですけどね」

少し照れた表情で、でも誇らしげに役員就任をお知らせしてくる人がいますが、私は心からおめでとうといえません。

なぜなら、小さな会社で従業員として献身的に働いてきた結果役員になったり、小さな会社に引き抜かれて役員になった人は十中八九残念なことになっているからです。心身共にボロボロになってしまう、社長と折り合いが悪くなりすぐに辞めてしまう、実態を知って転職するなど、貴重な人生経験にはなったかもしれませんが、皆さん一様に役員になったことは後悔していました。

また、小さな会社が、使える従業員を役員にすることのメリットを熟知して誘っている実態も見たことがあるからです。

まず、会社役員は、本来経営をする側の人間、つまり、**雇う人であって雇われる人（労働者）ではありません。**

ですから就任すると、通常は**労災保険の対象から外れます。**労災保険の正式名称は「労働者災害補償保険」というだけあって、あくまでも会社の業務や通勤が原因で、病気やケガをした労働者やその遺族のためのものなのです。

遺族という言葉でピンときた人がいるかもしれませんが、亡くなった場合も然りです。近頃は長時間労働により心臓や脳の病気を発症し亡くなる例や、過労自殺も労災認定を受けたりしていますが、こちらも「長時間労働」というだけあって労働に起因していることが要件です。でも、**役員は労働者ではないので、そもそも長時間労働とか過労死という概念がない**と考えるべきです。当然、時間外労働という考え方もありません。

事前に相談されてここまでの事実をお伝えしただけで、顔面蒼白になって「断ります！先に聞いておいて良かったです」という人、怒りの表情で「だったら給料2倍の従業員で交渉します」という人がいました。やはりこの重大な事実を何も知らなかったということです。

もしも、既に役員で「正直、都合のいい従業員だよなぁ……」と感じている人は、もしもの際のリスクヘッジとして、「従業員っぽさ」を手帳などにメモしておいてください。例えば、**出退勤時刻やパワハラ的な行為を受けた内容、仕事の指示を出され従業員のように扱われた内容など**です。給料明細も保管しましょう。

呼び名や形式が「取締役」であっても、実態としては、社長や他の役員に指揮命令され、単なる所属部署の長だった場合、もしもの病気やケガの際に裁判などで労災保険の対象となる可能性は十分にあります。そのためにも、「名ばかり取締役」であって、実態は「労働者」であったと認められる証拠を残しておきましょう。

役員の労災保険の「特別加入」というものがあり、加入している可能性もありますが、特別加入は補償内容も違います。

労災保険の問題だけではありません。通常、**役員は雇用されている労働者でないため雇用保険がかけられていません。**辞めた際に雇用保険による給付を受けられないのです。この件も知らずに役員になってしまい、後から私に聞いて驚いていた人もいます。

こちらも、ハローワークに実態が労働者と判断されれば雇用保険に加入できるのですが、黙っていればそのまま雇用保険の対象外、ということになります。

これで、役員に就任するということは、会社側の人間になるということだという意味がおわかりいただけたと思います。「会社と心中だな」といった人もいます。オーバーかもしれませんが、的を射た表現ですね。さて、あなたは会社と心中したいですか?

保険にはいろいろ入ってます!
→民間の医療保険は悔いのない「1回の飲み代」程度で

「傷病手当金」「高額療養費」「障害年金」の強力な給付内容、そして、病気やケガで生活が立ち行かなくなる可能性の低さ、掛け捨て続ける保険料の累計などを考えると、会社員は民間生命保険会社の医療保険に加入する必要はないという専門家も多数います。民間の医療保険に加入するなら、まずこの事実を知っておきましょう。

相談業務を受けている私はあらゆる事例を見ているので、完全に未加入で良い、解約しましょう、とまではいいません。

生命保険を全部解約した後の病気やケガで、家族が仲間や親戚からカンパを募ることになった例や、健康に不安が出てくる年齢になってから本人や家族が未加入であることがどうしても不安になり割高な保険に入らずにはいられなくなった人たちを見ているからです。また、病気やケガの当事者になってみると、確率が低いという考え方は一瞬で無意味になります。

ただし、**あれもこれも保険で補おうとするのは、低い確率かつ残念な出来事に勝負をかけ過ぎなので**お金の使い方としてもNGです。

「収入」と「治療費」に対する給付があるわけですし、病院等への支払いは、何も生命保険会社からの給付金である必要はなく、貯蓄からでも構いません。貯蓄なら病気やケガ以外の使い方も自由にできるのでとても柔軟です。加入するとしても、公的な保障を最低限度補う程度の極シンプルなもので良いです。

私は、医療保険に入るなら月の保険料は「**せいぜい1回分の飲み会代程度にしてくださいね**」とお伝えしています。

この表現を考えついた当初は、我ながら非科学的でバカバカしい基準だと思っていたのですが、「1回分の飲み会代」というとどういうわけか、収入の多寡に応じた、自分や配偶者の気分を害さず支出できるギリギリの金額を見事にはじき出してくれます。

付き合いの意義、食べて飲んだら無くなる点、リターンが不明などのものに対して月に1回出せる額は人それぞれの価値観で違います。「1回の飲み会代」は、あらゆる角度から見て懐ダメージのない額を考える際、案外便利な基準なのかもしれません。

生命保険「意識高い系」解約→「お宝保険」を見極めよ

保険に対する考え方は専門家の間でも分かれます。

同じファイナンシャルプランナーの肩書きを持つ人の間でも、保険代理店の業務をやっていて収入のほとんどが生命保険や損害保険販売によるものという人は、死亡保険も医療保険も貯蓄性のある保険もいろいろオススメポイントを語ってくれますし、一方、お金の教えを伝授している人の中には保険不要論を説くケースも非常に多くみられます。

「お前はどっちだよ！」という声が聞こえてきそうですが、申し訳ないことに私は非常に中途半端です。

新規加入については、加入しなくてもいいなと判断するケースもありますし、先述の通り、加入するとしても至ってシンプルに安く、と思っているのですが、こと解約についてはその限りではありません。

その人の健康状態、懐具合、家族の考え方や関係性、そして保険の契約日と解約返戻金などをあらゆる角度から見て、**高くても解約せずに続けましょう！　というケースも多々あります。**

特に最近気になるのが、何か1つの考え方に洗脳されたかのように熱く意識の高い雰囲気で解約をする方です。

解約することによって定期的に払っている保険料が浮くので「おー！」となり、解約返戻金も振り込まれ「おー！」となります。フローもストックも（収支も貯蓄も）プラスになるため、素晴らしいと思っておられるようです。

でも、解約した保険を見てみると、これはもったいない！　ということが少なからずあります。

契約日が昭和や平成の一桁年あたりの「個人年金保険」「養老保険」「（単体の）終身保

険」は、途中で解約すれば元本割れもあり得るものの、60歳かそれ以降に解約した時、または、受け取り開始時や満期時には、支払った保険料の2倍以上になるものがあるからです。これらは「**お宝保険**」とも呼ばれています。

逆に保険会社としては、受け取った保険料の2倍も支払わなくてはいけないのでお荷物的な存在です。窓口でもわりとあっさり解約にも応じてくれます。

お宝保険である可能性を確かめるために、ありがちな特徴をまとめておきます。

- 親キッカケの古い保険（「契約日」が平成前半以前）。
- 「これはやめない方がいい」などとかつて誰かにいわれた気がする。
- 入院や手術などで受け取れる医療保険が付いている様子がない。付いていてもシンプル。
- 保険証券も見積書も地味で文字数が少なくシンプル。
- 定期的に届くお知らせの「解約返戻金」が意外に多い。

図の例では、個人年金保険、養老保険は自分が60歳時点で生きていれば、受け取ることのできる金額がはっきりしていますので、払う保険料ともらう保険金を比べて判断すればいい

●保険の解約のイメージ

個人年金保険の例

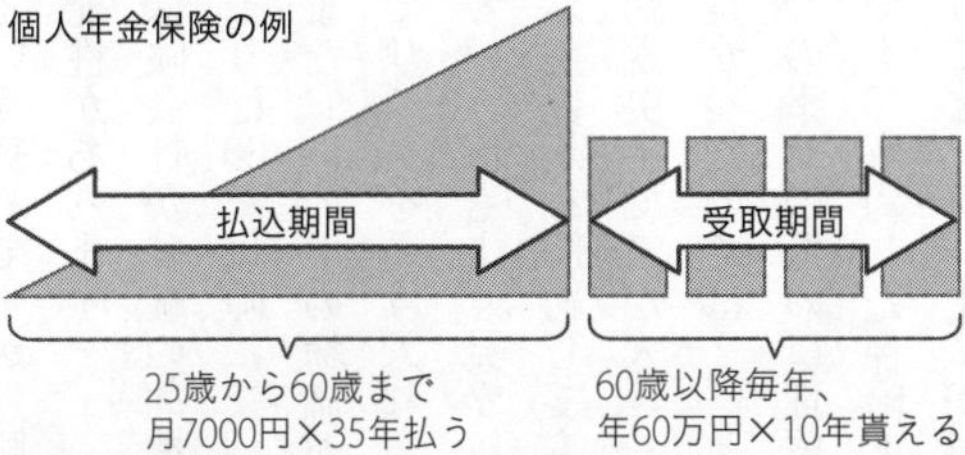

支払った保険料を積み立て、将来「年金」の形で受け取ることができる

【払う】月額7000円×12か月×35年＝294万円
【受け取る】60万円×10年＝600万円　**2倍超**
※60歳で一括受け取りでも550万円

養老保険の例

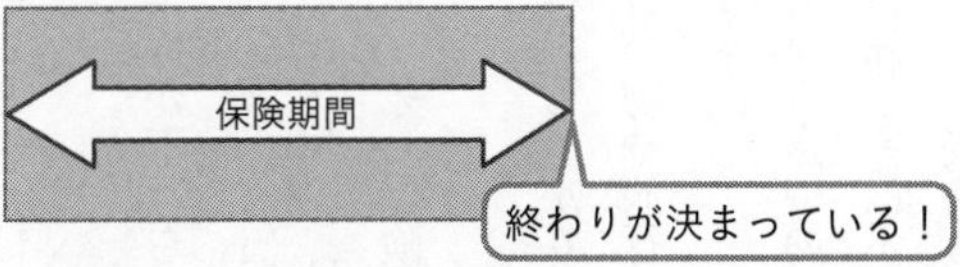

保険期間は一定で、保険期間中に死亡した場合には死亡保険金が支払われ、満期時には死亡保険金と同額の満期保険金を受け取ることができる

【払う】月額8000円×12か月×35年＝336万円
【受け取る】（死亡時 or 満期）500万円

終身保険の例

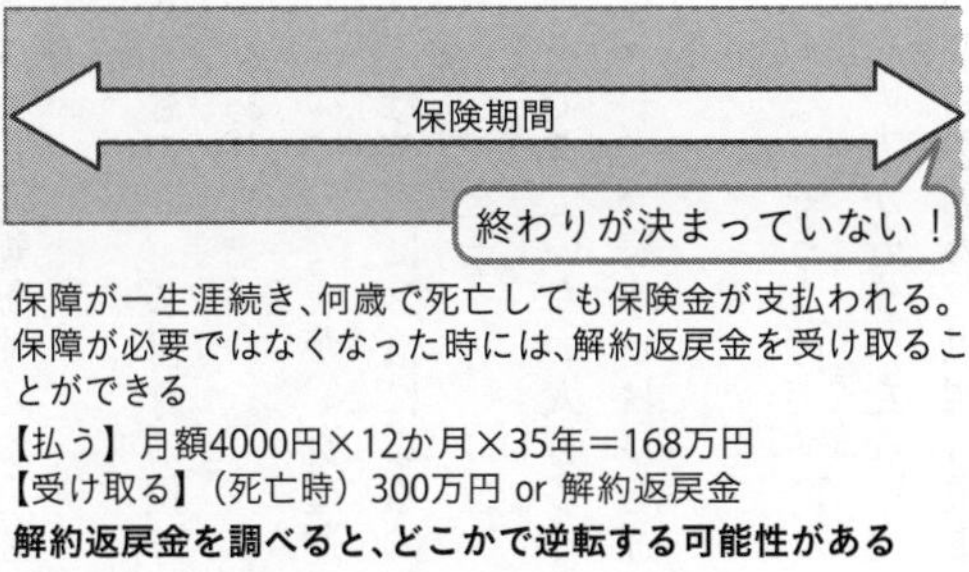

保障が一生涯続き、何歳で死亡しても保険金が支払われる。保障が必要ではなくなった時には、解約返戻金を受け取ることができる

【払う】月額4000円×12か月×35年＝168万円
【受け取る】（死亡時）300万円 or 解約返戻金

解約返戻金を調べると、どこかで逆転する可能性がある

ですね。終身保険がいちばん難しいです。基本的には遅かれ早かれ死亡時に遺族に300万円という契約ですが、解約返戻金を調べると例えば65歳時にトントンで以降逆転するなどの可能性があります。

保険会社が破綻の危機などで、良い条件が下げられるリスクはあるものの、ご自身の預貯金よりは60歳以降に受け取る額は多くなりそう……という保険は多々あります。

また、世の中の物価が上がっても（インフレに）対応するものではないのですが、資産運用でリスクを受け入れて収益を得るより、その保険を続けていればほぼ確実に2倍になるのにという例もよく見かけます。

お宝保険を解約しても、浮いた保険料でしっかり貯蓄や資産運用をできていない人も多く、解約返戻金で気が大きくなり予定外の買い物や旅行に支出する人もいます。続けておいた方が良かったのでは？　と思ってしまいます。

今の幸せのために理解して解約したのなら良いのですが、そうでもなさそうなのです。

でも、解約した保険というのは既に存在しないので、「実はやめない方が貯まったな」ということには一生気が付きません。だから、後悔もしないし、その解約を勧めた思想も恨まれないという構図……。ちょっと悩ましいと思いませんか？

やはり、既に加入している保険の払う保険料累計と受け取ることのできる金額の仕組みは確認すべきだと思います。そして、自分にその保険以上の運用などができるのかを考えてから継続か解約かの判断をすることをおすすめします。

私は、支払った保険料の1・7〜1・8倍になる個人年金保険とオプションの一切付いていない単体の終身保険は現在でも続けています。

専業主婦はもはやファンタジー？
↓それぞれが知識と責任を持つ時代

序章でも触れましたが、1954年から1973年の高度経済成長の下、国としては企業に伸びてもらう必要がありました。会社員には「企業戦士」としてひたすら長い時間働いてもらうことになるので、家事や育児などやっていられません。そのため、夫がサラリーマン、妻が専業主婦という構図になるわけです。

企業でも、配偶者扶養手当など専業主婦を量産させる制度が登場し、1961年には、「〇〇万円の壁」でおなじみの配偶者控除も開始されました。

専業主婦の国民年金保険料も1961年から1986年まで任意で支払えば良く、以降は

「第3号被保険者」制度の誕生で支払いゼロとなりました。

好条件が並べられたことで1970年代中盤には専業主婦率が最大となりました。それで家族は充分に食べていくことができ、満足な退職金と年金で生涯過ごすことができたのです。

現在、生き方は多様化しており、「サラリーマン&専業主婦」でない共働き夫婦、婚姻関係のないパートナーや同性パートナーとのカップル、そして独身者から、専業主婦（扶養の範囲内）優遇の制度への不公平感を指摘する声が上がっています。

そして、かつてに比べ、会社と国に頼っていられない状況になっていることは誰もが感じています。

専業主婦推しだった国も、年金や健康保険の専業主婦優遇を見直し、女性の社会進出を推奨しています。この分だと、専業主婦のうまみはどんどん減っていくでしょう。

また、働き方改革やコロナ問題によるテレワーク化やフリーランス化により、会社に人生を捧げる人が減少します。残業代が減ったり無くなったりという話にも繋がりますし、働き方や契約を変更して退職金が無くなる人もいるでしょう。一般的な会社員の夫の収入・財力が落ちてくるのは避けられません。

そんな中、増税、年金減少、物価上昇などを考えると、「サラリーマン&専業主婦」の設定を維持したまま生涯逃げ切れるのは、かなりの高収入会社員か親の遺産やその他の収入や貯蓄を持ち合わせている一部の人たちだけです。

今後、専業主婦と子を一生養っていけるほどの男性は激減することを、男女共に知っておく必要があります。「サラリーマン＆専業主婦」という組み合わせが、ファンタジーになってしまう日も遠くありません。

また、男性はいまだ結婚の前後に通帳も印鑑もキャッシュカードも相手に渡しがち。女性はまずそんなことをしません。

さらに、結婚した途端に生命保険にいわれるがまま入ったり、受取人を長年育ててくれた親から妻にホイホイ変えてしまう方が驚くほど多いのです。微笑ましくもありますが、なんとおめでたい男性が多いのだろうとも感じます。

妻がしっかり者で家計管理が得意とは限りませんし、本当に一生懸命働いて稼いだお金を管理されたいのか、今一度考えてみてほしいと思います。

良く解釈すれば、「腹をくくった」といいますか、相手への信頼と結婚への覚悟とも受け取れますが、安心し過ぎてお腹を見せて寝転ぶ子犬のようになってはいけません。

結局コソコソ買い物などをすることになったり、お説教されて喧嘩になったりしがちですし、お金に無頓着な大人になることに繋がります。

今は共働きが主流になりつつあるので、各自がお金を持つことが当たり前になります。また、今後は事実婚の男女や同性のパートナーの組み合わせだって増えていくでしょう。**何のためにお互いのお金を混ぜ合うのでしょうか。**

かつての定番、夫の「小遣い制」にも個人的には反対です。

倹約家で節約が得意な妻にすべてを託し、夫の小遣いは最小限度に絞って、ひたすらお金を貯めることが夫婦の目標であれば、達成しやすいのは事実です。

でも、すべての夫婦がそんな目標を達成したら、日本の経済は崩壊します。

私は、**みんなが働いて、お金に責任と知識を持って自分で管理する時代を迎えることが、**日本の明るい未来へのステップだと考えています。節約し貯めるだけでなく、消費や投資や寄付など外向きにもお金が循環すると思っているからです。これは、社会や経済にとって良いことに違いないので、時間を経て自分や次世代の幸せにも繋がってくるはずです。

「扶養の範囲」信仰
↓「〇〇万円の壁」の真実

結婚という理由だけで仕事を控えてしまうのは考えものです。

「扶養の範囲」という考え方がありますが、働くことができるのに、目先の優遇のために無理矢理この範囲内に仕事を抑え能力を閉じ込めてしまうのは、**夫婦の金銭面にとっても社会にとっても大きな損失です。**

ただし、健康や育児・介護などの状況によって、夫婦の一方が働くことが難しい場合も当然あります。時代の流れや不公平感により圧縮傾向ではありますが、扶養の範囲内で働くことで受けられる優遇はまだまだあるので、状況によってはこの権利をしっかり活用していきましょう。

そこで知っておきたいのがいわゆる**「○○万円の壁」**です。言葉はおなじみですが、仕組みをわかっていない人が多いようです。改正が重ねられていく可能性が高いため、概略や法則など大きな流れを理解してください。

収入・所得がゼロであれば現存する扶養に関するすべての優遇を受けることができます。収入・所得が増えるごとに優遇が減っていきますので順番に紹介します。最後の優遇範囲も突破するくらい働けるようであれば、もっと思い切って働いた方が得になります。

メインの稼ぎ手（年収1120万円以内）を「稼ぎ側」と表現して解説します（2021年

時点でのルールを記載しています)。

①年収約100万円(個人事業主の場合：所得43万円)の壁↓住民税がかかる
約100万円としているのは、住んでいる市区町村によって住民税に若干の違いがあるため(この壁も絶対に突破したくない場合は市区町村にご確認ください)。

住民税の壁は諦める人も多い。

②年収103万円(個人事業主の場合：所得48万円)の壁↓所得税がかかる
この壁付近に職場からの「配偶者手当」の基準を設けている会社も多いため、手当の多寡によっては意識すべき。

③年収106万円の壁↓勤務先の規模等により該当する会社なら健康保険・厚生年金の加入義務が発生する
健康保険料・厚生年金保険料は約15％手取りが減るため嫌う人が多い。ただし、保険の内容が充実し、年金額も増える。

個人事業主の場合は勤務先がないので無関係。

④年収130万円（個人事業主の場合：売上から一部の経費を引いた額で、稼ぎ側が加入している健康保険による）の壁→稼ぎ側の健康保険証を持てなくなるため、健康保険か国民健康保険に加入することになる。国民年金の支払いが発生する

③の対象でない場合は、④を死守する人が多い。

⑤年収150万円（個人事業主の場合：所得48万円）の壁→稼ぎ側の所得税が上がる（配偶者特別控除が減額になるため）

⑥年収201万円（個人事業主の場合：所得133万円）の壁→稼ぎ側の所得税が上がる（配偶者特別控除を受けられなくなるため）

結局、全ての優遇を受けるために年収100万円を切るように働く人は多いです。もしも少し超えるとしても、③④の壁突破は社会保険料が発生するため、収支に余裕のない家計の

場合は注意が必要ですね。

家賃と変わらないから家を買いました
↓終わらない議論をやめて「欲しいなら買う」時代

住まいに関しては、賃貸vs.持ち家という定番の終わらない議論があります。「家賃と変わらないから家を買いました」という言葉もよく見聞きしますが、家賃と変わらないことはまずありません。**単純に総支出額が低くなるのは通常賃貸住宅です。**

持ち家だと、家・土地の値段だけでなく、住宅ローンを組めば諸費用、利息がかかります。取得時には不動産取得税と登録免許税がかかり、保有していれば固定資産税、都市計画税という各種税金もかかります。リフォーム代もかかります。マンションなら各自のリフォーム代に加えて修繕積立金もかかりますし、管理費も賃貸マンションより高いのが一般的です。加えて、賃貸より広く部屋数も増えれば光熱水道費も上がります。

そんな話になると必ず「賃貸は家賃を払い続けて捨てているようなものだけど、持ち家なら最後は手に入るし、資産価値がある」という話が出てきます。

でも、35年ローンが終わった後の古い持ち家が手に入ったところでどうでしょう？　そして、そんな先の資産価値なんて誰にもわかりません。需要があって初めて資産に価値が付くのであって、その時の需要はどうでしょう？　少子高齢化が進んでいるということは、消費を担う若者が減るので当然今より需要は減ります。親の持ち家は既に子どもから迷惑がられる対象になりつつあります。

このように、**「家賃と変わらないから」「資産価値」などを家を買う理由にするのは、古き良き昭和時代の感覚です。**

「高齢になると賃貸が借りにくくなる」などの意見もありますが、これから高齢者だらけになる国で、大家さんも不動産屋さんも高齢者を無視して商売は成り立ちません。住む場所は今の高齢者よりも確保しやすくなるでしょう。**あらゆる角度から検討しても、持ち家がお得という話にはなりにくい**のです。

ですから家を買う理由に、言い訳調の「家賃と変わらないから」とかツッコミどころ満載の「資産価値が」なんて言葉はいりません。**「欲しいから買う」。これがすべてで、最高の購入理由です。**

個々人のQOL向上を目的に、家を買うかどうかを考えればいいと思います。どんな暮らしをしたいのか、そこに持ち家が必要なら、正々堂々と買えばいいのです。

ＱＯＬのためなら、たとえ賃貸より総支払額が高かろうと、将来の資産価値が怪しかろうと、そんなことは関係ありませんよね。ただし人生をつぶされないような資金計画を立てましょう。

なんちゃらペイより現金一択
→キャッシュレスをサボるのは、お金を落とすこと

数年前からキャッシュレス決済の波が押し寄せ、政府のお得なキャッシュレス推進の事業によりさらに加速した印象があります。

一方で、まだまだキャッシュレスに抵抗感を示す人もいるようです。「なんちゃらペイね！」と薄ら笑っていう人もいらっしゃいますが、おなじみのクレジットカードも交通系や流通系の電子マネーだってキャッシュレス決済の手段です。何もＱＲコード、バーコードを使うスマホ決済だけではありません。

ご自身のライフスタイルに合うものは必ずありますので、**そろそろ諦めてキャッシュレス社会を受け入れることをお勧めします。**

現在、ほとんどの場面で、現金での支払いがもっとも損になります。低金利のご時世では、

少しのポイントやマイル（以下、ポイント）も笑うことはできません。ちなみに、コンビニなどでたずねられる共通ポイントも同様です。今や、ポイントはイコールお金です。

しかも、一般会社員の支出でも、キャッシュレスのポイントと共通ポイントの合計が年間数万円になる可能性も高いのです。普段のランチ代などを考えると、数万円がどうでもいいはずはありません。

今後、キャッシュレス決済が当たり前になり、現金を取り扱わない取引が増えてくる可能性があります。実際に、新型コロナウイルス感染症の影響でオンラインでの取引が増え、キャッシュレス決済をせざるを得ない場面も多々ありました。

キャッシュレス決済に慣れていない高齢者を狙った詐欺も出てくるかもしれません。判断力が確かなうちにキャッシュレス決済への抵抗感を払拭し、キャッシュレス決済を活用できる高齢者を目指していくのが得策でしょう。


仮想通貨で「億り人」？
→話がぶっ飛び過ぎ！　「当てる」ケースは一握り

ついこの前まで貯蓄がゼロだった人や、投資なんか知識もないしするお金もないなどといっていた人に、突如「ワンルームマンションとかの不動産投資ってどうなんですか？」「ビットコインとか仮想通貨ってどうなんですか？」など聞かれることが少なくありません。思えば、つい数年前までこの質問は「ＦＸってどうなんですか？」でしたね……。

ズバリ、話がぶっ飛び過ぎです。

まず、「どうなんですか？」や「いいんですか？」というのが質問になっていないというか、資金面・知識面でも、やる気という意味でも、質問をできるレベルに達していないことを強く感じさせます。何となく簡単に不労所得を生み出せたらいいな、と思っているようです。

「一発当てる」という類の儲け方に成功する可能性はゼロではありませんが、そんなケースは一握り、いや一つまみ以下です。資金力に乏しく、日々業務に追われている会社員が簡単に不労所得を生み出すことは容易ではありません。そんな発想だと、儲かるどころか逆に「スマホ1つで億万長者」の類の怪しげな広告に引っかかって借金を背負ってしまいそうな気さえしてきます。

例に挙げた不動産投資は、まず大きなローンを組むことが前提ですから、自身の「事業」として捉えるべきです。事業に相応《ふさわ》しい物件を探し、メンテナンスに手間や費用をかけ、収益性や経理など数字も理解し、売却なども考えながら生涯にわたって付き合っていく心持ちが必須です。物件の家賃収入で成功している人は勉強や研究もしていますし、何より不動産への強い愛を感じます。普通の会社員が片手間で営んで家賃をもらっているようには全くもって見えません。

仮想通貨は現在「暗号資産」と法律上の呼び方もでき、世界規模の大手企業でも導入するなど注目の資産ではあります。また、今後は誰もが上手に付き合っていくべきものになる可能性も否定できないので、情報としては毛嫌いせずに耳に入れるべきです。

しかし、**上昇や下落の幅は株式投資の比ではありません**。また、値動きする理由や仕組みも、景気や金利など世の中の状況からは見えてこないので、その傾向はまだつかめません。

投資した全てを失うレベルの値下がりもあるので、資金力に乏しければ、失ってもダメージの少ない金額にする、少額の積み立て投資を行う、付与される共通ポイントなどで行うなどのレベルから始めるべきです。

怠け者のFIRE思考
→達成できるのは、元々仕事が好きな人

今どきのお金にまつわる言葉として外せないのが「FIRE（ファイア）」でしょう。元々はアメリカで生まれた言葉でヨーロッパにも拡大。2020年からは日本でも見聞きする機会が増えました。「FIREを目指してます！」とSNSのプロフィール欄などに書く人も増えています。一種の「生き方の方針」といっていいでしょう。

さて、FIREとは何なのか？　この4文字のアルファベットは、次の英単語の頭文字です。

「F」：Financial　→お金の
「I」：Independence　→独立
「R」：Retire　→仕事を辞める
「E」：Early　→早い

つまり、「経済的な自立を手に入れて仕事は早期に辞めよう」という考え方です。

FIRE実践者の間で定番の目標となっているのが、**仕事を早期に辞めるために、目安として年間支出の25倍を作る**ということです。年間200万円支出する人なら、貯めるなり増やすなりでとりあえず5000万円を、年間400万円支出する家計なら1億円を作りましょうという話です。この時点で、会社員としてはお金持ちの部類でしょう。

さらに4％ルールがあります。これは、早期に辞めるために**作った資産を年利４％の成績で運用すれば、運用益で食べていける**という考え方です。

FIREを実現するためにはこの2つの理論の組み合わせを知り目指す必要があります。そのためにはそれなりの金額を稼ぎ出す能力、貯めたり節約をする力、増やす知識が必要に決まっています。思うに、本書に書いていることは大体理解していて、息を吸うように当たり前にできるレベルの人ではないかという気がします。

ところが、単に「会社、嫌だなぁ。辞めたいなぁ」という動機で、「種銭作って一発当てよう」というノリのFIRE志願者がかなりいるようです。もうお気付きだと思いますが、これでは難しそうですね。

厳しいようですが、仕事が嫌だなぁなんて思っている時点で、稼ぐ力が圧倒的に弱まるのでFIREのスタート地点に立つこともできないかもしれません。怠けて楽して遊んで暮らすことがＦＩＲＥではありません。念の為。

　今後実際にＦＩＲＥを達成・実践できる人は、元々は仕事が好きで稼ぐ能力が高く、仮に辞めたと宣言しても何かしら声がかかってしまい、再び収益を生み出してしまうような人だと予想しています。

ポイントは溜め込んで使う
→庶民はすぐに使うべし

　ポイントをしっかり受け取る人の中には、たくさん貯め込んでから使おうとする人がかなりいらっしゃいます。でも、この方法は懐に余裕のない庶民にはおすすめしません。

　確かに数万円相当を貯めれば、高価なものと交換可能になります。かつてから有名な航空会社の「マイル」で考えるとわかりやすいですね。貯まったマイルで海外に行った話など聞いたことがある人も多いことでしょう。

　でも、この感覚でキャッシュレス関連のポイントや共通ポイントを何万円も貯めても、家計の足しにならない可能性があります。

　まず**１つ目の注意点は「利用期限切れ」**です。これらのポイントには利用期限がある場合が多く、通販サイトで使おうと思っていた数万円分のポイントを使いそびれた人の落胆ぶりは忘れられません。時間差で利用期限が切れていくポイントも多く、知らないうちに少しずつ消滅して気付いていないことも大いに考えられます。

2つ目の注意点は、余計なものに手を出すリスクです。余計なものという表現をして大変申し訳ないのですが、通常では買うことのない素敵なもの、日々の暮らしには必要のないプラスアルファのものですね。つまり、発想としてはマイルで海外旅行に行くのと同じで、素敵なことではあるけれど、家計収支の改善には役に立っていないということです。ですから、ある程度余裕のある人にとっては素晴らしい楽しみですが、ピンチな人は暮らしに彩りを与えている場合ではありません。

そこで、家計に余裕がなく、収支の改善を望んでいるのであれば、ポイントは貯め込まず、何円、何十円相当のうちに、コンビニや通販サイトでの支払いの際にさっさと消費してください。嬉しくなって浮かれる前に、日々の「値引き」に使ってしまいましょう。

ポイント投資から始めます！
→それではなかなか始まりません

繰り返しますが、今どきのポイントはイコールお金です。しかも、キャッシュレス関連のポイントや共通ポイントを合わせると、単身でも年間数万円を手にすることができるのでバカにできる金額ではありませんよね。

こういったポイントの基本的な使い方として、懐具合によっては、「すぐ使う」がオススメですが、新しい使い方として「ポイント投資」が挙げられます。

証券口座等を開設してポイントをお金に替えて投資をする少し手間のかかるものもあれば、口座開設も不要でポイントのまま疑似投資できるものがあります。ポイントをイコールお金と考えるなら、値動きするのでどちらも「投資」と感じることでしょう。

自身のポイントを、株式、投資信託（ETF含む）、暗号資産（仮想通貨）など値動きするものに充当できる仕組みで、増えたり減ったりした成果を利用（換金やポイントへの変換）し買い物などもできます。

投資未経験者から「まずはポイント投資から始めて、わかってきたらiDeCoやNISAも……」と聞いたので、私も気になっていくつか試しています。でも、ポイント投資から始めると、ポイント投資で終わる、つまり、iDeCoやNISAにたどり着かない可能性が高いと感じています。

ほぼわからないまま手続きを進めることができ、あっさり運用も開始されてしまうため、投資に対する疑問も感じず、学びがないまま日々が過ぎていく現象が自然に起こります。

また、小さい金額だし自分が働いて稼いだお金ではないという気軽さゆえに、上がっても下がっても気持ちへの影響がないため、次の行動に繋がりにくいとも感じます。

結論としては、気軽でちょっとおもしろいことは認めますし、既に投資をしている人の新しいポイント活用法としては有りだと思います。でも、自分のお金で投資を始めるためのステップにはなりにくいです。やはり基礎はショートカットできないので、「講義4」に書いてあるような知識はしっかり学んでください。

リボ払い、キャッシング、カードローン……
↓「お得」はゼロ！　金融界の危険ドラッグ

近頃のキャッシュレス決済では、電子マネーやスマホ決済クレジットカードの台頭が目立ちますが、ホテルのデポジットや海外での買い物、高額決済などの場面ではやはりクレジットカードが必要です。社会人にとってクレジットカードは自分の信用を示すことができる存在でもあります。

そもそも「Credit」の意味からして「信用、信頼」「信用貸し」という意味があります。クレジットカードの仕組みも、他者が「あなたを信頼して立て替えておきますね」といってくれているわけですから、責任重大です。

この責任を長年しっかり果たすことができると自分のクレジットヒストリー、つまり信用が積み上がっていきます。責任を果たすことができない人はブラックリスト入りで、車や住宅、教育などのローン、賃貸住宅の契約などでつまずいてしまう可能性があります。

そんな、信用の証である**クレジットカードで絶対にやってはいけないのが、リボルビング払い（以下、リボ払い）とキャッシング**です。

分割払いは無いお金で買うようなものですし、3回払い以上は手数料がかかるのでNGです。中でもリボ払いは絶対に利用してはいけません。ポイントだマイルだといっても、**リボ払いを利用した時点でクレジットカードのお得度はゼロ**。単にお金が無いのに欲望に負けた人の可能性が大です。

あなたがこれらの払い方をした時点で、クレジット会社は既にあなたを疑っているようなもの。1回払いでも、立て替えた日から口座引き落としの日まで最大2か月ほども待っているのに、それを3回なんていわれたら、立て替えた側としては「冗談じゃない！」と思いませんか？

ましてやリボ払いなんて、いつまで返済を待たせるのか利用した本人だってわかっていませんよね。クレジット会社も大きな手数料を取らないとやっていられません。

その手数料たるや、10～18％です。ピンと来ない場合は消費税を思い浮かべましょう。消費税が8％から10％に2％上がっただけで日本中が大騒ぎになりましたよね。

そんな中、10～18％の手数料を払ってまでリボ払いで買い物をする感覚をどう思いますか？

リボ払いがほぼデフォルトで設定されているカードもあるようで、恐ろしい限りです。かつてこの設定を

●リボ払いのイメージ

利用額 300,000円　手数料率 15.0％
月々の支払い：5,000円

支払い元金	300,000円
支払い手数料合計額	114,375円
支払い合計金額	444,375円

初回支払い時	5,000円（うち手数料3,750円）
2回目支払い時	5,000円（うち手数料3,687円）
3回目支払い時	5,000円（うち手数料3,625円）

↓
60回目までつづく

※端数切り捨て
※実際の計算は各社による

知らずに利用してしまった20代の女性と出会ったことがあります。残高を一括で返すこともできないし、途中で設定変更もできないし、他の買い物の分も重なっているし地獄だといっていました。

この女性の例をイメージして、元金と手数料を合わせて毎月5000円のリボ払いで30万円分購入したらどうなるか計算してみました。

30万円のものを44万円以上出して買いたい人がどこにいるでしょうか。そして、買い物はこれだけで終わるはずもないので、どんどん積み重なっていきます。返済額が月5000円に固定されているので、買えば買うほど支払い終了は後ろに延びていきます。もう終わらない借金の旅です。

やはり、**クレジットカードは1回払い以外を利用してはいけません。**

クレジットカードを利用しすぎて、キャッシングに手を出してしまうと最悪です。これは単なる「悪い借金」で、自営業者のように大きな仕事の入金待ちということもない会社員は次なる「借金」に走りがちです。それが「カードローン」。

借金返済のための借金なんて最悪の事態だと誰でもわかるはずです。奇跡でも起こらない限り解決しません。

借金が増えていくと、少しずつ心を病んでしまう方も少なくありません。中にはお金が原因で命を絶つ人もいらっしゃいます。

その入り口になってしまうのがリボ払い、キャッシング、カードローンといっても言い過ぎではありません。これらは**合法的な危険ドラッグのようなもの**です。もしもあなたが利用してしまっているなら、早い段階での抜本的な整理が必要です。

一生懸命働いて生活を見直し収支を改善し、せっせと返していくのが基本ですが、家族への相談、事情によっては司法書士や弁護士への相談など、生きていくために早期にアクションを起こすことも大切です。

講義6

手取りの未来

介護、年金、相続……
やみくもに不安になる前に

死ぬときが一番お金持ちって幸せですか？

ここまで会社員の手取りについて学んでいただき、講義4では「増やし方」について、講義5ではNG行為についても説明しました。しっかり読んで実践した方は「手取り」のエキスパートに近付いているはずです。でも、ちょっと待ってください！　正しい知識を持ち、十分な貯蓄で備え、適度な運用で増やしたとしましょう。その結果、あなたはお金をどうしたいですか？

何かあった時のため？　老後のため？　もちろんそれも大事なことですが、一生懸命働くこと、無駄遣いをしないこと、こうして学ぶこと、貯めることや増やすこと、これらお金に対するアプローチの目的が「何かあった時」や「老後」という発想で幸せですか？　必要以上の不安を抱えてお金を使うことができず、「死ぬときが一番お金持ち」という状態にもなりかねません。そんなマネープランは誰も望んでいないはずです。

本書の最終講義として、お金に不安を感じる人が特に見落としがちな、未来のお金についてお伝えしていきます。

親の介護とお金

「健康寿命」という言葉が世界的に注目されています。これはＷＨＯ（世界保健機関）が提唱した新しい指標で、平均寿命から寝たきりや認知症など介護状態の期間を差し引いた期間、つまり、**助けを得ずに暮らしていける年齢**と考えてください。

この健康寿命の最新データ（令和２年版高齢社会白書〈内閣府〉）によると、**男性が72・14歳、女性は74・79歳**とのことなので、以降亡くなるまで、家族の介護や公的介護などの助けを受ける可能性が高いということになります。健康寿命から死亡最多年齢までを計算すると16年から17年なので、**人生100年時代は介護も想定しなくてはならない時代**です。

	死亡最多年齢※	健康寿命	差（介護が必要？）
男性	88歳	72歳	16年
女性	92歳	75歳	17年

※令和元年簡易生命表（厚生労働省）より

まず、親の介護に関する新しい社会問題に「介護離職」があります。介護・看護を理由に離職した者（介護離職者数）は、年間約10万人と発表されています。

育児・介護休業法も進化しているものの、現実は、介護をする立場の人は会社の重要な責務を離れる選択をしたり、離職・転職の必要に迫られることもあるようです。

要支援・要介護認定を受けている方は、75歳以上になると約32％という決して少なくない比率となっています。自分の親にもあり得ることです。

親の介護の目的で貯蓄をするというのは現実的ではないので、公的介護保険でどこまで対応できるかを把握することが重要です。

要介護・要支援認定となった場合には、**公的介護保険によって介護サービスを所得に応じて1〜3割の自己負担額で受けられます。**ただし、上限額があるので受けられるサービスも決まってきます。要介護度がもっとも低い「要支援1」ともっとも高い「要介護5」について2021年時点での上限額と利用できるサービスの目安をまとめておきます。この金額を超えるサービスを受けることもできますが、超えた金額は介護保険の対象外なのですべて自己負担です。

※1単位＝10円として計算

【要支援1】
5万320円（所得に応じこの金額の1～3割が自己負担となる）
・週1回の訪問型サービス（ホームヘルプサービス等）
・通所型サービス（デイサービス等）
・月2回の施設への短期入所

【要介護5】
36万2170円（所得に応じこの金額の1～3割が自己負担となる）
・週5回の訪問介護
・週2回の訪問看護
・週1回の通所系サービス
・毎日2回の夜間対応型訪問介護
・1か月に1週間程度の短期入所
・福祉用具貸与

右のようなサービスはあるものの、金額にもサービスにも限界があります。公的介護保険の対象外の部分は、**家族が介護をするか、貯蓄や民間介護保険のお金でまかなうことになります。**

公的介護保険では、生活費は対象外ですし、豪華なリフォームや満足のいく福祉用具の購入はできない可能性があります。

親自身がこれらの資金を持ち合わせていない場合は、自分や兄弟姉妹の出番となります。資金状況をある程度確認して兄弟姉妹ともそんな話をしておくと良いでしょう。

そして、自身の公的介護保険の基礎知識として知っておきたいのは、40歳から介護保険料が健康保険料と併せて天引きされるものの、**若い人の大半が公的介護保険の対象から外れる**ことです。老化に起因する疾病（特定疾病）のみが対象なので、40歳から64歳以下で介護状態になった場合や、ケガが原因の場合は対象外です。ここでも、もしもの際は会社員の健康保険、障害年金、労災保険は大きな強みとなります。

「老後のお金」をどう考える？

老後のお金が心配、年金が少ない、など今多くの方が60歳以降のお金の心配をしています。

しかしそういった方ほど自分のおかれた状況を正確に把握していないことが多いのが事実。老後のお金については、順番に

①60歳以降の仕事による収入
②公的年金（基礎年金と厚生年金）
③退職金や企業年金
④自身の貯蓄

と考えていくのがセオリーです。

①の仕事による収入で生活費を稼ぐことができたらそれでOKです。でも、生涯働くことは難しいでしょうから、②の公的年金も重要です。年金額のデータも自身の見込みも調べていない人が多いのですが、何となく心細いという噂は聞こえてきます。そこで、力を発揮するのが③の退職金・企業年金（以降、退職金）です。①②③によって、**④自身の貯蓄が必要かどうかが決まってきます。**

退職金は法律上ゼロでも問題ないので無しの会社もあります。一方で、著者が出会った一般会社員の退職金最高額は約1億円です。この方は大変な金額ですが、実は日本では退職金有りの会社の方が多く、その場合、数千万円という金額である場合も少なくありません。

公的年金はいくらもらえるのか？

老後に受け取る国からの年金額の確認の前に、仕組みからおさらいします。公的年金は2階建て構造といわれています。該当者は1階と2階の年金の合計を受け取ることができます。

まず、1階部分が国民年金で、名称は「老齢基礎年金」といいます。該当者は職業などにかかわらず全員ですが、未納の期間等に応じて金額が変わります。

2階部分が会社員の特権でもある厚生年金で、名称は「老齢厚生年金」といいます。該当者は、会社員として厚生年金保険料を納めた期間のある人ですが、期間と給料やボーナスの額によって金額が大幅に違います。長期間会社員（社長・役員期間も含む）で年収が高かった人の老齢厚生年金は多くなります。

また、会社員の全期間の厚生年金保険料は、自分だけでなく会社も同額を納めてくれていたこともあり、2階部分が大きい会社員が大量に存在します。

では実際の金額をデータで見ていきましょう。

公的年金は老後の暮らしの土台ですが、金額が少なければ薄い土台となります。現在の年金額を確認していきましょう。

年金額（満額）は、老齢基礎年金が約6万5000円（月額）です。満額と書いたのは、未納月があればその分少なくなるためです。納めた期間が10年未満で他の期間が未納の場合はゼロです。

「会社員や公務員の場合、給料やボーナスから天引きされるのは厚生年金保険料だけなのに、なぜ国民年金保険料に由来する老齢基礎年金ももらえるんですか?」と質問されたことがあります。

厚生年金保険料を納めていれば、日本中の会社員の保険料が納められた厚生年金の懐から国民年金側にドサッとまとめて払われている（基礎年金拠出金といいます）ので、天引きされていなくても払っている扱いになるのです。

20歳から60歳まで会社員だったならば、一度も国民年金保険料という名で納めたことがなくても老齢基礎年金を満額受け取ることができます。大学時代に未納で22歳から60歳まで会社員だった場合などは、未納月の分が少なくなります。未納ではなく「免除」の手続きをした上で払っていなかった期間なども、一部金額に反映します。

次に老齢厚生年金です。これは、ずっと個人事業主・フリーランスだった場合はもらえない年金ですが、厚生年金保険料を納めた月があればその分が上乗せされます。お伝えした通り、高給で長く会社員をやっていた場合は老齢厚生年金の額が多くなります。

現在、平均的な収入（平均標準報酬：賞与含む月額換算43・9万円）で40年間会社員だった場合の老齢厚生年金は約9万円です。

40年間平均的な収入の会社員だった場合は、老齢基礎年金と老齢厚生年金を合わせて6万5000円＋9万円で月に約15万5000円を一生涯に渡って受け取っているということです（実際の振り込みは毎月ではなく偶数月）。

単身だった場合の60歳以降の生活費のデータによると、男女ともに14万円台ですので、誰かを養っていなければ年金だけで平均的な暮らしができそうです。

夫婦の設定だとどうでしょう。老後夫婦の生活費はデータによると28万円台です。共働きで二人とも40年間ずっと平均的な収入の会社員だった場合は、15万5000円×2人で約31万円ですから平均的な生活費はクリアです。

しかし、夫婦の一方がずっと専業主婦・専業主夫で老齢基礎年金のみの場合、2人分の年金を合わせても（15万5000円＋6万5000円）約22万円なのです。平均的な暮らしをするための28万円には届きません。

公的年金は破綻する？

ここまでお伝えしてきたのは、「現状の」年金額についてです。「これからの」公的年金は今ほどもらえないのでは？　という声が聞こえてきます。破綻するなんて声も聞いたことがあるかもしれません。そこで知っておくべきは年金の大前提です。

年金の仕組みは「**積立方式**」「**賦課方式**」の2つです。

積立方式は、自分で納めた年金保険料は自分の年金のために積み立てられます。それに対して賦課方式は、自分が納めた年金保険料はそのときに年金をもらっている人のものとなります。

日本の公的年金は、後者の賦課方式です。私たち現役世代が年金受給者を支えているため「**世代間扶養**」ともいわれます。なお、年金には、高齢者がもらっている老齢年金だけではなく、障害年金や遺族年金もあるので、障害のある方や大黒柱を失った遺族をも支えていることになります。

「年金なんか払っても元が取れない」という言葉もしばしば聞こえてきますし、気持ちもわかりますが、支え合う「保険」の仕組みなので、**元を取る・取らないという概念はそもそも合わない**のです。これが大前提です。

今後を考えると「**少子高齢化**」が問題です。世代間扶養の仕組みの下、納める人が減ってもらう人が増えるわけですから、当然収支が苦しくなります。

年金を受け取る年齢を後ろ倒しにするなり、年金の額を下げるなり、当然何らかの手を打つ必要が出てきそうです。

このような心細い現状ではありますが、未来の支え手である子どもがゼロにならない限り破綻は考えられない仕組み、それが世代間扶養です。

「国がもっとお金を補塡してくれればいい！」と考えてしまいますが、年金はすべてが私たちの保険料で賄われているのではなく、国も給付費（払う基礎年金）の2分の1のお金を入れています。これを「**国庫負担**」といいます。

かつては給付費の3分の1だったのですが、2009年度からさらに増やして2分の1になりました。

「もっともっと！」といいたくなりますが、国庫負担の主な財源は消費税なので、どうしても消費税アップにつながってきてしまうので考えものです。

結論としては、公的年金の水準は下がるとしても破綻を想定する必要はありませんし、いずれにせよ、年金保険料を拒否することもできません。また、**自分の納めた年金保険料は、老齢年金だけでなく障害年金・遺族年金にも充てられ、多くの人を助けています**。自分や家族が助けられることもあるかもしれません。

年金額が減ることや受け取る年齢が後ろ倒しになることは想定しつつも、粛々と老後のためのストック（貯める・増やす・もらう）、老後のフロー（稼ぐ）を検討して実行することが賢明です。

「退職金に期待しない自分」を偉いと思っていませんか

一般会社員の退職金はゼロ円から1億円近くまでと幅が大きいにもかかわらず、また制度の確認もしていないのに、自信満々で「退職金はないものと思って期待しません」という方が大勢いらっしゃいます。もしかしたら数千万円という金額があるかもしれないのに、**無視するのは非常に大雑把**です。

しかも、1円の狂いもない家計簿を付けているような家庭の方、無駄遣いはしない倹約家の方などが、「慎重な自分、偉いですよね！」と控えめアピールをするかのごとくいってくるのです。そういう謙遜（?）は要らないですね。私には、変なところに細かくて、大事なところで無頓着な人に見えます。

退職金が本当に「無し」なら無しなりの計画が必要ですし、「有り」なら金額を確認する必要があります。場合によっては、**年金と退職金で老後の心配が無用になることも多々あります。**

そうとわかっていれば、自分や家族や世の中のためにもっとお金の良い使い方ができたかもしれませんし、節約や無駄遣いのことで必要以上にギスギスすることもなかったでしょう。しなくていいなら、心配なんてしない方が幸せに決まっています。

強く訴求したくて、若干煽《あお》るような書き方をしてしまいましたね。相談業務をしていると、退職金が多い方にもゼロの方にも思うところが多いので、お許しを。現役時代の収入はさほど変わらなくても、退職金で大逆転するケース、大逆転されるケースが両方あり、老後の生活に大きな影響があります。

老後不安、資産運用の必要性……、会社員ならそんなことを考える前に、やるべきことは退職金の確認です。会社でモデルケース（新卒から定年退職まで標準的に働いた場合）の退職金（一時金と企業年金）の額を確認してみましょう。会社ではこの額を決めて、逆算し積み立てる額を決めるケースが大半です。わからないといわれた場合でも、退職金規程を見ることができるはずです。この中に大きなヒントがあるはずです。

退職金が多いと判明したあなたにとって節約と貯蓄は必ずしもやるべきこととは限りません。大量に存在する「お金を使える人」はその自覚を持って、経済を引っ張る側に回ることも素晴らしいことです。そうすることが、世の中全体の給料が上がることにも繋がります。ただし、予想外の大金に右往左往しているところ、勧められるままによくわからない投資を始めたり、人生最大の通帳残高にバランス感覚が狂ってしまい計画外の謎支出をしてしまわないようご注意ください。

退職金が無しの会社だと判明すれば、そのように貯蓄の計画を立てていきましょう。数千万円の退職金をもらう数多くの会社員が存在する現実も知ることができます。その事実を知った上で今から行動することで、後々の心とお金のダメージを小さくすることは大いに可能です。

老後資金を考えるなら退職金を無視しない

退職金を無視してはならない理由についてもう少し掘り下げてみましょう。一時金であれ企業年金であれ、定めたからには簡単に引き下げたりなくしたりするのは、法律上かなりハードルが高いのです。会社がある限り、傷を負ってでも払わなければならないほど会社員にとって強い権利といえます。

また、「うちの会社に退職金なんてあるの？」という声もしばしば聞くのですが、日本で退職給付制度がある企業割合は80・5％と高い数値で、しかも、前回調査（平成25年）より増えています。企業規模別にみると、次の通りです。

1000人以上　　：92・3％
300～999人：91・8％
100～299人：84・9％
30～99人　　：77・6％
※平成30年就労条件総合調査（厚生労働省）

また、同じ調査で、退職給付制度の額も次のように公表されています。

勤続年数35年以上退職給付（一時金・年金）制度の形態別定年退職者1人平均退職給付額
（勤続20年以上かつ45歳以上の定年退職者）

大学・大学院卒　２１７３万円（一時金・年金併用なら２４９３万円）
高校卒（管理・事務・技術職）　１９５４万円（〃　２４７４万円）
高校卒（現業職）　１６２９万円（〃　１９６２万円）
※平成30年就労条件総合調査（厚生労働省）

２０１９年春、金融庁関連のレポートから「老後資金２０００万円問題」の騒ぎになりましたが、２０００万円という数字の根拠をご存知でしょうか。

かつて会社員と専業主婦だった老後夫婦の収支が毎月約５・５万円赤字になっているので、単純計算をすると、年間66万円、30年間で１９８０万円足りないことになります。ここから、２０００万円問題に発展してしまいました。

さて、それを踏まえ退職金のデータを見るとどうでしょう。

借金がなければ、会社員と専業主婦の組み合わせでも、退職金で難なくクリアできそうな人は多そうですし、共働き正社員、独身なら心配し過ぎる必要はなさそうですね。

親の資産、把握していますか

前述の退職金と同様に、親のお金には期待せずに自力で生きていくことを美徳とするような空気があります。真面目な方であればあるほど、そう考えている節があります。

現在、日本の金融資産の大半は高齢者が持っているとされています。今後、高齢の父母ともに亡くなり、子が相続で受け取るケースが続出することでしょう。

昭和特有の質素倹約志向で真面目な両親は、「うちはそんなにお金がない」といいながら子を育てがちです。実際には、ごく普通の会社員や公務員だった親などのところに意外な貯蓄があり、父親が亡くなり母親が相続し、母親が亡くなって子に大金が入ってくるケースが少なくありません。大金と同時に**相続税**に驚くのです。

明らかなお金持ち経営者やお金持ち家系などの人たちは、最初から全員にその自覚があり、相続や税の対策をしているものです。

ところが、真面目に質素にお金をコツコツ貯めて生きてきたような普通の会社員や公務員の親は、税理士等との接点もまずないですし、相続関連の知識に乏しい方が多いのです。子にも貯蓄額をいわないどころか、あまりないような顔をしています。片方の親が遺された時などに確認をして、それなりに資産がありそうなら、自身も相続や贈与の基礎知識くらいは身に付けておいたほうが良いでしょう。

もちろん、資産がほぼない場合もあります。そういう方は、ついこの前まで自分と同じようなグレードの暮らしや収入だった人に、相続財産によって大逆転される可能性を自覚しておきましょう。

こうして、これからは日本中で相続格差が続出すると予想しています。

日本のお金は高齢者の手元にある

日本の家計の金融資産の残高は2019年末に初めて1900兆円を突破し、2021年3月には1946兆円と記録を更新しています（土地などの資産も含めると3000兆円近いといわれています）。この国の経済が大幅に拡大するほどのポテンシャルですが、その実感はありません。

また、1900兆円を20歳以上の人口（約1億人）で割ると1人1900万円ほど持っている計算になりますが、全ての大人がそんなに持っているわけはありません。

これは高齢者の手元にお金が集中しているからで、7割近くのお金は60歳以上が保有しているといわれています。

そこで、政府も「貯蓄から資産運用へ」促す制度や、贈与税の優遇制度を拡大し次世代へのお金を移転することを促す制度などを整えてきたのですが、大きな効果は感じられません。実際に高齢者の話を聞いてみても、お金を動かしていない実感があります。例えば、ほんの一部のお金で資産運用を始めて、わずかな値下がりが続いただけであたふたして預貯金に戻すとか、どう考えても使い切れないような資産の一部を子や孫に渡しただけで少し貧乏になった気がして不安……、などという状況が多々見られるからです。

こんな人は貯めなくてもいい！

先述の通り、多くの高齢者がお金を減らしません。そんな調子ですから、引き続き倹約生活をして、貯蓄を減らさないどころか年金によって収支がプラスになり、貯蓄が増えているという人も少なくないのです。

こういう人は、習慣化した倹約と貯蓄と退職金で少なくない資産を築いているにもかかわらず、「うちにはそれほどお金がない」とわりと本気で思っています。こうした「**サイレン**

ト資産」を保有しているのは、かつて会社員や公務員だったという案外「普通」の人たちに多いです。

そんな親たちが、これから子にサイレント資産を遺していくわけですが、親が親だけに子も子で、「親のお金は期待していません」「借金もないけどお金もないと思います」などと控え目に見積もるのを良しとしている風情なのです。

経営者などいかにも富裕層の子なら「親リッチ」に自覚があるのですが、普通の会社員・公務員の子には「リトル親リッチ」の自覚がありません。

親が亡くなって遺産を受け取る段になって、相続対策もしていないため想定外の相続税を払う例もどんどん発生しています。

実は、**相続税は日本では亡くなった方の10％未満にしか発生しない**ので、自覚なく上位10％のお金持ちグループに入ってしまったようなものです。

結論ですが、今後こういうケースが続出します。もはや貯めなくてもいい人たち、つまり相続で大逆転する人たちが大量にいるということです。そういう人たちが**心配すべきことは節約や貯蓄ではなく、相続対策**ですね。

そして退職金と同様、遺産のない人にとってはゼロです。**ゼロであることと、遺産のある**

人が大量に存在することを早い段階で知っておく必要はあります。

退職金と親の遺産の両方が入ってくる世帯も確実にあります。そういった使える資産のある層には、貯め込むだけでなく、お金を有効に使う力を付けていただき、日本の経済を牽引してほしいと願います。

親のサイレント資産をざっくり聞き出す方法

もっともお金を保有している可能性の高い親は、**父親が亡くなった後の真面目なタイプの母親です**。ごく普通の会社員・公務員家庭の母親の場合、税理士などとも接点がないので、相続対策もノーマークの可能性が高いです。

子どものあなたが資産を確認する際は、「**特に大金持ちでもないような家の子に相続税の負担が発生するケースが増えているらしいよ**」と振ってみてください。

倹約と貯蓄をしてきたタイプの親は、良かれと思って子に期待を持たせないようにしがちです。同時に、子に多額の相続税を払わせたいなんて思っているはずもありません。

そこで、「どのくらい遺したら相続税ってかかるの？　そんなにかかるの？」などと聞いてきたら、それなりのサイレント資産を持っている可能性があります。

ここで回答するために、**相続税が非課税となる金額**（相続税の基礎控除）くらいは覚えておきましょう。次の計算式の範囲内であれば相続税はかかりません。

3000万円＋600万円×法定相続人の数（相続税の基礎控除）

例えば、父親が亡くなり、後に母親が亡くなった場合

・子一人：3000万円＋600万円　（＝3600万円までなら相続税が非課税）
・子二人：3000万円＋600万円×2　（＝4200万円までなら相続税が非課税）

「預貯金で○○万円（相続税の基礎控除）以上を持っていたら、○○万円を超えた金額に対し10％とか20％とかかかるなんて聞いたんだけど知ってた？」などと話してみましょう。

さまざまな優遇措置もあり、実際に相続税が発生するのは亡くなった方の10％未満ほど。とはいえ、将来あなたが管理しなければならない可能性もありますし、いざというときに親の意向に沿った形にするためにも、日頃からお金の話をしておくことは大切です。

自分が死んだ後、家族は大丈夫？

ある40代の超エリート男性会社員に聞かれたことがあります。「自分が今死んだら家族に入るのは職場からの少しのお金と生命保険だけでしょ？」。答えはＮＯです。「**遺族年金がけっこう出ますよ**」と伝えると、「何だ、それ？」といわれました。

いわれてみれば、超エリートでも、大学を出て就職し与えられた業務に集中していれば、遺族年金を知る機会はないかもしれません。

このような認識であれば、遺族年金の額に驚き、**生命保険に入り過ぎていたと後悔するかもしれません**。

会社員が亡くなった場合、自分が養っていた家族に「**遺族厚生年金**」が支給される可能性が高いです。

「養う」と表現しましたが、その要件は、**同居していて、前年の収入が８５０万円未満**（**ま
たは所得が６５５万５０００円未満**）の家族なので、世の中の多くの「**妻**」は含まれるでしょう。事実婚でも支給されている例は多いです。

妻がいなくても原則18歳の年度末までの子（子が障害年金の等級1、2級の場合は20歳まで）、55歳以上の夫、父母、孫、祖父母と順番に追っていき、要件を満たす該当者がいれば支給対象になります。

また、原則同居ですが、別居でも、仕送りをしているとか、自分の職場から健康保険証をもらっている家族（健康保険の被扶養親族）などであれば認められます。

さて、妻は受け取る要件に該当しやすいのですが、**夫は高校生までの子がいれば遺族基礎年金の要件に該当しますが、55歳以上の場合が該当で給付は60歳から**、など厳しめです。これは「60歳までは働きましょう」ということでしょう。

でも、妻だけに厳しい要件もあります。**高校生までの子のいない30歳未満の妻の場合、遺族厚生年金は5年で打ち切り**です。まだ若いことだし「働きましょう」とか「再婚しましょうか」という国からのメッセージと受け取れます。

この辺りは、支払う立場で考えてみれば合理的にも思えますし、受け取る側との対話のようでおもしろい仕組みだと感じます。遺族厚生年金に限らず、お金の制度を調べていくと、「なるほど国のメッセージだ」と感じることが多々あります。

さて、ここまで解説してきたのは遺族厚生年金ですが、加えて「**遺族基礎年金**」も受け取れるケースがあります。これは、**高校生までの子がいる場合に該当**します。

つまり、高校生までの子の有無によって、遺族厚生年金のみなのか、遺族基礎年金も加えたダブルで受け取れるのかが決まります。

●遺族年金の月額の例

対象の遺族	厚生年金加入期間の平均年収	
	約300万円	約800万円
配偶者のみ	2万円台	6万円台 ※20代の妻は5年間
配偶者と子1人 （妻：40〜64歳の場合）	10万円台 （15万円台）	15万円台 （20万円台）
配偶者と子2人 （妻：40〜64歳の場合）	12万円台 （17万円台）	17万円台 （22万円台）
配偶者と子3人 （妻：40〜64歳の場合）	13万円台 （18万円台）	17万円台 （22万円台）

※経過的寡婦加算は含みません
※カッコ内は遺族が40〜65歳の妻の場合の金額です

会社員の遺族厚生年金と遺族基礎年金の金額ですが、厚生年金加入期間の収入などによって変わってきますし、計算の基礎となる年金額も毎年変わるのですが、数字がないとピンとこないと思いますので、年金月額をざっくりと試算してみました。

厚生年金加入期間の平均年収が300万円の場合と800万円の場合の例なので、間の平均年収の場合は年金も間とお考えください。

遺族年金の存在とこの金額を知ると、「生命保険に入り過ぎていた」という結論になることが多々あります。その場合、生命保険の死亡保障部分の見直しで家計収支が大幅に改善することにも繋がります。

ピンチの際のお金に関していろいろと心配になりますし、それを補填する保険などの金融商品もありますが、**第一に公的な保障を知ることが大事**です。

会社によっては、さらに独自の上乗せがある場合もあります。それでも足りないと判断したなら、そこで初めて金融商品を活用する、**この考え方はあらゆる場面での鉄則**といえるでしょう。

ちなみに、遺族厚生年金は個人事業主・フリーランスにはありません。子がいない場合は遺族基礎年金ももらえないので遺族年金の類はゼロです。**遺族年金も会社員の強みの1つ**ですね。

老後の遺族年金は？

高校生までの子どもがいれば、遺族基礎年金が加わるとご説明しましたが、そういった年齢で亡くなる方は非常に少ないのが現実です。日本で60歳までに亡くなる確率は、男性が約7％、女性は約４％です（令和元年簡易生命表より著者計算）。また、遺族基礎年金を受け取っていても、子どもが高校を卒業してしまえば終了です。

結局のところ、遺族年金の一生もののベースは遺族厚生年金なのです。そこで、２４１ページの表で金額を確認してみましょう。厚生年金加入期間の平均年収が約３００万円なら月２万円台、８００万円だったケースでも月６万円台ですから、遺族厚生年金だけでは暮らしていけません。

やはり老後は自分の老齢年金が非常に重要です。ルールの範囲内で遺族年金や老齢年金を組み合わせて、もっとも金額の高くなる設定で受け取ることになります。

金額をイメージしてもらうために、実例を紹介しましょう。私の父は59歳で亡くなっております。その時母は52歳でしたが77歳の今に至るまで、遺族厚生年金の旧公務員版にあたる遺族共済年金を受け取っています。

現在は、母自身の老齢基礎年金と遺族共済年金の組み合わせで受け取っており、表には記載していない経過的寡婦加算（受け取る人の生年月日によって異なるため記載していません）を合計して、月にして約14万円です。

このように、遺族厚生年金だけでは生活できなくても、**老後は自身の老齢年金と組み合わせることで暮らしているケース**は現状のところ多いです。自身の年金が未納などで著しく少ない場合は、働くなどその他の収入を得るか生活保護となるでしょう。

現在は共働きが主流になってきているので、遺族厚生年金を組み合わせるよりも、自身の年金のみを受け取る方が高額となるケースが増えてくると思われます。やはり、**自力は他力に勝ります**。

講義6は少し先のことと想定される内容ですが、会社員のマネープランの先にある重要事項です。この先長い人生の消費行動や支出、つまり「お金を使うこと」にも大きく影響する点なので知っておいてほしいのです。

結局のところ、講義1から講義6で解説したことを知るべき目的は、人生の最後まで楽しく幸せにお金を使っていくことだと思っています。問題がないのにお金を使えない、問題があるのにお金を使い過ぎてしまう、というミスマッチが多発している原因の1つは、必要な情報が皆様にいきわたっていないためなのです。本書がその原因を取り払う一助になると信じています。

おわりに

「難しそうなことは避けたい」「貯めるのは苦手」「面倒くさいことは嫌い」

実をいうと、これは私の本来の性質です。

でも、何の因果か難しいことを勉強し、自動的に貯める仕組みを整え、面倒くさいことの後押しをする仕事をしています。

思えば、15歳で親元を離れてから、仕送りでのやり繰り生活が始まりました。これがお金と向き合う人生の予告編だったのかもしれません。

その後、父が50代で亡くなり、肢が不自由な母親と22歳の私が遺されました。両親は官舎（公務員の住む宿舎、社宅のようなもの）に住んでいたため、父が亡くなれば母は住むことができなくなります。母はその後数年公営住宅に住んでいましたが、肢はさらに弱っていき田舎でのひとり暮らしが難しくなっていきました。そこで私は27歳の時、住宅ローンで新築マンションを購入し母を呼び寄せる決断をします。その後、母親は介護認定を受けることになりました。

その間、私自身も健康や生死について向き合う出来事がありました。仲の良い友人3人が立て続けに亡くなり落ち込んでいる中、私の肝臓に影が見つかり、入院することになったのです。「肝臓がん」の疑いでした。1か月におよぶ詳しい検査の結果、幸いにして肝臓がんではなく治療の必要が一切ないことが判明し退院となりましたが、多感な時期に、父親と友人たちの死と自分の入院で心が壊れてしまいそうでした。

けれど退院して生きていくとなれば、働いてお金を稼がなくてはなりません。心を奮い立たせて働きましたが、生命保険の営業職だったので、仕事でも、命とその値段について考えざるを得ません。私生活でも仕事でも生死とお金のことばかりが頭を埋め尽くすしんどい毎日でした。死にたくないのにいつも死ぬことを考えていたような気がします。

そんな自分を変えたくて、私は旅に出ようと考えます。今思えばちょっとおかしいのですが、これこそ自分探しの旅ですね。向かった先はインドです。結果、ガンジス河のほとりで本当に死にゆく人、生きていくためのお金を必死で稼ぐ人の姿を目の当たりにして、私はやっと目が覚めました。死なない自分を受け入れることができたのです。

自分は死なない。どうやら生かされている。生かされていることにはきっと何か意味が、使命があるに違いない。そう思いました。

苦しかった20代の私が背負い、向き合ってきたものは「命」と「お金」でした。生きていくためにはお金が必要です。そんな「生きるためのお金」について知識を深め、世の中に発信していこう。それが私の使命、私が生かされている理由なのだ。そう意味付けしたのです。生きるために最低限必要なものは、健康な心と身体、そして、一緒に生きていくお金です。私が日々追求しているのは、お金持ちになるための方法ではなく、本来の私のような「難しそうなことは避けたい」「貯めるのは苦手」「面倒くさいことは嫌い」、そんな人たちがごく普通に働いて手に入れたお金と上手に付き合っていく方法です。それらは生涯笑顔で暮らしていくことに必ず繋がります。

皆様の代わりに基礎から勉強し、新しい情報を習得し、わかりやすく伝えていくのが私の役割だと考えています。

揺るぎない使命感のもと、起業して20年近くになりますが、新型コロナウイルス感染症の影響で世の中も人々も自分自身もどうなってしまうのだろう……、というところでお声がけいただき本書を執筆することとなりました。私の大きなテーマである「命」と「お金」を誰もが考えるこの特殊な時期に、機会を与えられたのも何かの因果かと思い一生懸命書きました。

突然ご連絡をくださって丁寧にサポートしてくださった中央公論新社の兼桝綾さん、いろいろな気付きを与えてくださった皆様、いつも支えてくれる家族や仲間に感謝しています。最後までお読みいただき本当にどうもありがとうございました。

皆様の生涯の幸せを心から願っています。

2021年7月

川部紀子

事項索引

ア行

カ行

サ行

イラスト　福田玲子

図表作成・DTP　市川真樹子

ラクレとは…la clef=フランス語で「鍵」の意味です。
情報が氾濫するいま、時代を読み解き指針を示す
「知識の鍵」を提供します。

中公新書ラクレ
736

得《とく》する会社員《かいしゃいん》 損《そん》する会社員《かいしゃいん》
手取《てど》りを活《い》かすお金《かね》の超基本《ちょうきほん》

2021年8月10日発行

著者……川部紀子《かわべのりこ》

発行者……松田陽三
発行所……中央公論新社
〒100-8152 東京都千代田区大手町1-7-1
電話……販売 03-5299-1730 編集 03-5299-1870
URL http://www.chuko.co.jp/

本文印刷……三晃印刷
カバー印刷……大熊整美堂
製本……小泉製本

Published by CHUOKORON-SHINSHA, INC.
Printed in Japan ISBN978-4-12-150736-5 C1233

中公新書ラクレ　好評既刊

L686
増補版 教養としてのプログラミング講座
清水 亮 著

もの言わぬ機械とコミュニケーションをとる手段、「プログラミング」。その歴史から簡単な作成、生活に役立つテクニックなどを網羅し、たった一冊でプログラマーの思考法を手に入れることを可能としたのが『教養としてのプログラミング講座』である。「もはやそれは誰もがまなぶべき教養」というメッセージを掲げたロングセラーをこのたび増補。小中学校で必修となる２０２０年刊行する。ジョブズにゲイツ、現代の成功者はどんな世界を見ている？

L691
中国、科学技術覇権への野望
――宇宙・原発・ファーウェイ
倉澤治雄 著

近年イノベーション分野で驚異的な発展を遂げた中国。米国と中国の対立は科学技術戦争へと戦線をエスカレートさせ、世界を揺るがす最大の課題の一つとなっている。本書では「ファーウェイ問題」を中心に、宇宙開発、原子力開発、デジタル技術、大学を含めた高等教育の最新動向などから、「米中新冷戦」の構造を読み解き、対立のはざまで日本は何をすべきか問題提起する。著者がファーウェイを取材した際の貴重な写真・証言も多数収録。

L696
新装版 思考の技術
――エコロジー的発想のすすめ
立花 隆 著

新興感染症の流行と相次ぐ異常気象。生態系への介入が引き起こす「自然の逆襲」が加速化している。自然と折り合いをつけるために我々が学ぶべきものは、生態学（エコロジー）の思考技術だ。組織内の食物連鎖、部下のなわばり根性を尊重せよ、「寄生者と宿主」の生存戦略、「清濁あわせ呑む」大人物が出世する――。自然の「知」は仕事上の武器にもなる。「知の巨人」立花隆の思考法の根幹をなすデビュー作を復刊。「知の怪物」佐藤優氏解説。

L699

たちどまって考える

ヤマザキマリ 著

パンデミックを前にあらゆるものが停滞し、動きを止めた世界。17歳でイタリアに渡り、キューバ、ブラジル、アメリカと、世界を渡り歩いてきた著者も強制停止となり、その結果「今たちどまることが、実は私たちには必要だったのかもしれない」という想いにたどり着いたという。混とんとする毎日のなか、それでも力強く生きていくために必要なものとは？ 自分の頭で考え、自分の足でボーダーを超えて。あなただけの人生を進め！

L704

大学とオリンピック 1912-2020
―歴代代表の出身大学ランキング

小林哲夫 著

日本のオリンピックの歴史は大学抜きには考えられない。戦前、オリンピックの精神として貫かれたアマチュアリズムに起因し、両者の親和性は極めて高い。実現には至らなかった1940年東京大会では、構想から大学が深く関わった。戦後、企業スポーツ隆盛の時代へと移ってもなお、大学生オリンピアンは不滅だ。1912年大会から2020年東京大会までを振り返り、両者の関係から浮かび上がる、大学の役割、オリンピックの意義を問う。

L705

女子校礼讃

辛酸なめ子 著

辛酸なめ子が女子校の謎とその魅力にせまる！ あの名門校の秘密の風習や、女子校で生き抜くための処世術、気になる恋愛事情まで、知られざる真実をつまびらかにする。在校生へのインタビューや文化祭等校内イベントへの潜入記も充実した、女子校研究の集大成。読めば女子校育ちは「あるある」と頷き、そうでない人は「そうなの⁉」と驚き、受験生はモチベーションがアップすること間違いなし。令和よ、これが女子校だ！

L709

ゲンロン戦記
―「知の観客」をつくる

東 浩紀 著

「数」の論理と資本主義が支配するこの残酷な世界で、人間が自由であることは可能なのか？「観客」「誤配」という言葉で武装し、大資本の罠、敵／味方の分断にあらがう、東浩紀の「生き延び」の思想。哲学とサブカルを縦横に論じた時代の寵児は、2010年、新たな知的空間の構築を目指して「ゲンロン」を立ち上げ、戦端を開く。いっけん華々しい戦績の裏にあったのは、予期せぬ失敗の連続だった。ゲンロン10年をつづるスリル満点の物語。

L715
自由の限界
——世界の知性21人が問う国家と民主主義
鶴原徹也 編

エマニュエル・トッド、ジャック・アタリ、マルクス・ガブリエル、マハティール・モハマド、ユヴァル・ノア・ハラリ……。彼らは世界の激動をどう見るか。二〇一五年のシャルリー・エブド事件から「イスラム国」とアメリカ、イギリスのEU離脱、トランプ米大統領と米中対立、そして二〇二〇年のコロナ禍まで、具体的な出来事を軸とした三八本のインタビューを集成。人類はどこへ向かおうとしているのか。世界の「今」と「未来」が見えてくる。

L717
ビジネスパーソンのための「言語技術」超入門
——プレゼン・レポート・交渉の必勝
三森ゆりか 著

社会で真に求められるのは、論理的思考力を活用して考察し、口頭や記述で表現できる人材である。しかし「国語」の教育は受けたはずなのに、報告書が書けない、交渉も分析もできないという社会人は多い。これまで有名企業や日本サッカー協会などで「言語技術」を指導してきた著者が、社会に出てから使える本当の言語力＝世界基準のコミュニケーション能力を身につけるためのメソッドを具体的に提示。学生・ビジネスパーソン必読の一冊！

L718
老いる意味
——うつ、勇気、夢
森村誠一 著

老いれば病気もするし苦悩もする。老人性うつ病を克服した著者の壮絶な体験を告白。だが、身体が老いても病を経験しても心は老いてしまうわけでない。老いを恐れず残された日々を自然体でいること。良いことも悪いこともすべて過去の出来事として水に流す。老いの時間を「続編」や「エピローグ」のつもりでなく「新章」にすればいい。夢は広がり、いくつになっても新しいことが始められる。米寿を迎えた作家・森村誠一渾身の「老い論」の決定版。

L722
増補版 駆け出しマネジャーの成長論
——7つの挑戦課題を「科学」する
中原　淳 著

突然、管理職に抜擢された！　年上の部下、派遣社員、外国人の活用方法がわからない！　飲みニケーションが通用しない！　プレイヤーとしても活躍しなくちゃ！　社会は激変し、一昔前よりマネジメントは格段に難しくなった。困惑するのも無理はない。人材育成研究と膨大な聞き取り調査を基に、社の方針の伝達方法、多様な部下の育成・活用策、他部門との調整・交渉のコツなどを具体的に助言。新任マネジャー必読！　管理職入門の決定版だ。